KB056719

알아두면 쓸모 있는

어원잡학사전

알 아 두 면 쓸 모 있 는

어원잡학사전

평범한 단어들의
특별한
어원 이야기

패트릭 푸트 지음
최수미 옮김

CRETA

이름을 만들어낸 수천 년의 역사가 없었다면
이 책은 존재하지 않았을 것이다.

3
랜드마크

———

LANDMARKS

4
동물

ANIMALS

5
역사적
칭호

HISTORIC
TITIES

8
장난감과
게임

—

TOYS & GAMES

11
행성

PLANETS

한국의 독자 여러분께

나는 지금 이곳에서 영어로 이 글을 쓰고 있고, 여러분이 이 글을 읽을 쯤에는 이 글이 모두 한국어로 바뀐 상태일 것이다. 글이 언어를 뛰어넘어 다른 모습으로 변할 수 있다는 것은 정말 멋진 일이다. 아니, 이 글뿐만 아니라 이 책에 있는 모든 글이 그때는 한국어로 바뀌어 있을 것이 아닌가?

특히 다른 언어도 아니고! 독특하고 훌륭한 언어인 "한국어"로 번역된다는 이야기를 들었을 때 나는 흥분을 감출 수 없었다. 이 책을 읽을 독자에게 감사를 전하며, 책에서 발견하게 될 여러 가지 사실과 그 여정을 즐기기를 진심으로 희망한다.

그런고로 "코리아Korea"라는 이름의 어원을 설명하는, 오직 한국어판을 위한 단독 도입부를 준비해 봤다.

KOREA

여기서 말하는 코리아Korea는 두 국가의 이름을 한 번에 설명한
다고 보면된다. 그 이유는 노스 코리아North Korea와 사우스 코리
아South Korea와 같이 코리아라는 이름을 가진 국가가 이 행성에
두 곳 존재하기 때문이다. 코리아라는 현대식 이름이 만들어진
것은 마르코 폴로Marco Polo덕분이다. 그가 13세기 작성한 여행
일지에서 카우리Cauli라 불리는 한 지역을 언급했는데, 그 곳이
바로 한반도였다. 반도에 자리잡은 왕국의 이름을 따서 이 지역
에 이름을 붙였고, 그 왕국이 고려Goryeo(또는 Koryŏ)왕국이었다.
Goreyo가 Cauli(고려의 중국식 발음)가 되고, 그것이 다시 Korea
가 된 것이다. 그런데 처음부터 K가 단어의 앞자리에 있던 것은
아니었다. 원래는 Corea라고 적혔으나 언젠가부터 C가 K로 변
한 것이다. 뿐만 아니라 한국은 가장 아름다운 별명 중 하나를
갖고 있다. "고요한 아침의 나라"라는 이 별명은 한국의 또 다른
옛 이름 조선에서 나온 것으로서 조선의 의미가 '아침의 고요'
이다. 한반도에서 천혜의 아름다움을 볼 수 있고, 고요하다 하여
붙여진 이름이다.

짜릿하고 늘 새로운 설명하기의 매력

여러분은 지금 아주 훌륭한 결정을 내렸다. 바로 이 책을 집었으니 말이다! 소원해진 가족한테 받았을 수도 있겠고, 어둡고 미스터리한 서점을 목적 없이 배회하다 스스로 샀을 수도 있지만 어찌 됐건 중요한 것은 여러분이 지금 이 글을 읽고 있다는 것이다. 이 책을 쓰는 것은 내게 영광이었고, 여러분이 읽어주는 것 또한 매우 영광이다. 이 작고 재밌는 책에 오신 여러분들을 진심으로 환영한다.

이 책에는 정말 재미있고 놀라운 사실이 많다. 즐겁게 읽고 가족, 친구와 함께 이야기를 나눠보기도 바란다. 내가 새롭고 다양한 사실과 어원을 좋아하는 이유가 바로 이것이다. 알고 있는 모든 사람에게 말하지 않고는 못 배길 만큼 매력적인 이야기를 들었을 때가 있다. 나는 그 순간이 인생에서 가장 강력한 전율을 느끼는 때인 것 같다.

그런데 너무 나 혼자 급하게 이야기하고 있는 느낌이다. 내 유튜브 채널을 보고 "도대체 저 남자는 누구야?", 그리고 "왜 저렇게 이름에 집착해?"라고 생각해본 게 아니라면 여러분은 분명 궁금해졌을 거다. 그렇다면 내가 가장 잘하는 일, "설명하기"를 통해서 이야기해보겠다.

내 이름은 패트릭 푸트Patrick Foote다. 패트릭이라는 이름의 기원은 고대 로마로 거슬러 올라간다. 패트리샨Patrician 계급의 사람들을 나타내는 것이다. 패트리샨은 로마 건국 가문의 귀족이다(물론 나는 평민 쪽에 더 가깝다고 생각한다). 그리고 푸트Foote라는 성은 전령이나 패스트 러너fast runner에게 부여된 이름이라 알려진 포트르fotr에서 유래하였다. 때문에 영국에 정착한 노르웨이인에게서 나온 것으로 보인다. 내 체력을 아는 사람이라면 내가 패스트 러너와는 아주 거리가 멀다는 것을 알 테지만 말이다.

만약 이 글을 읽고 "지루하군. 그 이름들이 어디서 왔는지 난 전혀 관심이 없다고!"라고 생각한다면, 이 책이 당신의 취향이 아닐 수도 있다. 이 책에서 설명하는 그 이름들이 내 바보 같은 이름보다는 훨씬 재미있더라도 말이다. 하지만 만약 이것을 읽고 어원학(어원학이란 단어의 기원을 공부하는 학문으로, 앞으로 자주 보게 될 것이다!) 세계에 대한 아주 작은 흥미, 일말의 호기심이라도 생겨났다면, 축하한다! 이제 당신도 나만큼이나 단어와 이름의 역사에 희한한 매력을 느끼게 된 것이니까.

이상 내 이름에 대한 설명이었다. 물론 내게는 이름 외에 다른 이야기도 있다. 내 유튜브 채널 〈Name Explain(이름을 설명하다)〉이다. 이 채널에서는 그 이름답게, 다양한 것들의 이름을 설명하고 있다. 국가, 도시, 동물, 역사적 인물, 음식, 비디오 게임 캐릭터, 뭐든지 채널에서 다룬다.

내가 이름에 대해 흥미를 갖기 시작한 것은 이를 유튜브 소재로 삼기 괜찮겠다 싶은 생각이 들기 훨씬 전이었다. 형과 나는 차 뒷좌석에, 부모님은 앞에 앉아있던 때가 떠오른다. 네덜란드에서 완전히 길을 잃어, 향후 몇 주간 우리의 집이 될 야영지를 찾을 수 있다는 희망도 거의 없어 보였다. 완전히 방향을 잃은 모험에서, 우리가 결국 닿은 곳은 존재하는지도 몰랐던 네덜란드의 한 지역이었다. 그곳은 다리와 지하 터널로 연결되어 있고, 물에 둘러싸인 군도였다. 참 이상한 장소였다. 위키피디아에 접속하여 그곳이 어떤 곳인지 알게 된 것은 캠핑 여행이 끝나고

영국으로 돌아온 후였다. 그 땅이 바로 질랜드Zeeland(영어 이름
은 당연히 씨랜드Sealand였다), 굳이 말하자면 뉴질랜드New Zealand
의 남쪽 지역 올드 질랜드Old Zeeland였다.

이를 알게 된 이후, 계속해서 이 사소하지만 재미있는 생각에
서 벗어날 수 없었다.

'왜 아무도 올드 질랜드에 대해서는 이야기하지 않지?'

그리고 유튜버로 숱한 실패를 하는 내내 이 생각은 내 머릿속
에 늘 자리 잡고 있었다. 역시 또 망했던 다른 채널을 운영하며
"올드 질랜드는 어디에?(그리고 새롭거나 오래된 그 외 장소들!)"라
는 제목의 영상 스크립트를 써 보기로 결심할 때까지 그 생각은
내 머리를 떠나지 않았다. 결국 영상 이름은 그저 "올드 질랜드
는 어디에?"가 되고 말았지만 이 영상은 이전 채널에 있던 영상
들과 너무나 달랐기에 아예 완전히 새로운 채널을 만들고 이름
에 관한 더 많은 영상 아이디어를 내기로 했다. 그리고 그 채널
이 지금 〈Name Explain〉이 되었다!

이 책에는 아이들의 장난감, 곤충과 같이 평범한 것에서부터
거대한 국가, 심지어 우리의 태양계 행성에 이르기까지 다양한
이름에 대한 설명을 담았다. 이 한 권의 책에서 모두가 이해할
수 있는 방식으로 가능한 한 많은 것을 다루는 것이 목표다. 그

리고 부디 이 책이 여러분에게 신선하게 와 닿았으면 한다.

그런데 만약 여러분이 이미 내 유튜브 채널의 오랜 구독자이고, 그곳에서 모든 영상을 봤다면 어떻게 해야 할까? 먼저, 감사드린다! 여러분 덕분에 내 영혼과 통장이 더욱 견실해졌다. 두 번째로, 채널에서 다루지 않은 많은 새로운 주제를 책에서 다룰 것이라 말하고 싶다. 이 책을 베스트앨범 정도로 생각해주시라! 채널에서 이미 다루었던 주제뿐만 아니라 새로운 사실들도 여기저기 추가했다. 그리고 여기서는 내가 단어들을 엉망진창으로 발음하는 모습을 안 봐도 되니 얼마나 좋은가?

그럼 출발해보자!

01

국가

COUNTRIES

배, 비행기, 잠수함, 열기구, 달, 외계 행성 또는 정말 말 그
대로 태양에서 이 책을 읽는 게 아닌 이상, 여러분은 반드
시 어떤 국가 안에서 이 글을 읽고 있을 것이다. 이 행성
에 있는 모든 국가는 역사와 문화, 그리고 이름을 갖고 있
다. 국가의 역사와 마찬가지로, 이름 또한 유서 깊고 흥미
로운 역사를 지니고 있다. 아주 체계적인 책이라면 이러한
국가들을 알파벳 순으로, 또는 지리학적 순서로 배열할 테
지만, 이 책은 그렇게 체계적인 책이 아니다. 그저 세계 여
행을 한다고 상상하자. 어떤 곳에서는 추운 북유럽 국가에
관해 읽을 것이고, 다음에는 카리브해로 갈 것이다. 그럼
함께 가보자!

THE ORIGIN OF NAMES, WORDS AND EVERYTHING IN BETWEEN

노를 젓는 바이킹의 나라   ○

거대한 땅 러시아부터 떠나보자. 지도에서 보는 것만으로는 러시아가 얼마나 큰지 상상하기 어려울 수 있다. 하지만 러시아에 무려 12개의 시간대가 걸쳐 있다는 사실을 아는가? 모스크바의 자정은 페트로파블롭스크 캄차츠키Petropavlovsk-Kamchatsky의 사람들에겐 이미 일상이 시작된 시간이다. 영국, 독일, 프랑스, 스페인을 한꺼번에 이 땅에 다 집어넣고도 남는 규모의 영토이기 때문이다.

우리가 앞으로 만나게 될 많은 국가처럼, 러시아 또한 그 지역에 정착하여 살았던 사람들의 이름을 따서 만들어졌다. 바로 러스인the Rus이다. 러스는 9세기에 스웨덴에서 왔다고 알려진 바이킹 부족 중 하나였다. 당시 러시아 땅에도 사람들이 살긴 했지만, 러시아의 노브고로드Novgorod 마을의 지역 주민들은 그 바이킹 부족에게 이곳으로 와서 자신들의 분쟁을 해결해 달라고 요청했다.

여러분이 형제자매와의 말다툼이 너무 심해져 부모님께 도움을 요청했다고 생각하면 될 것 같다. 러스인들은 그 땅에 머물면서 도시를 건설하고, 국가 주변에 무역항로를 열었다. 이러한 활동이 매우 활발히 전개되어 16세기에는 그 지역을 러시아의 사람이라는 뜻의 중세 라틴어인 러시Russi로 불렀다는 증거가 있다.

그렇다면, 그들은 어떻게 'Rus'라는 이름을 갖게 되었을까? 그것은 당시 Rus(와 그외 모든 바이킹)가 물을 건너는 주된 방법이 노 젓기rowing였기 때문에 노 젓는row 사람을 뜻하는 고대 노르드어 'rods-'에서 온 것이다.

🌿 PAKISTAN

언어유희가 숨겨진 이름 ○

파키스탄과 같은 이름을 들으면 고대 세계에 뿌리를 뒀다고 생각할 수 있다. 왜냐하면 딱 그렇게 들리니깐. 그런데 만약에 내가 파키스탄이라는 이름이 시작한 정확한 날짜뿐 아니라 그 단어가 만들어진 정확한 장소마저 지정할 수 있다면 어떻겠는가? 시간과 장소라… 글쎄, 수천 년 전 인도의 어디쯤이 아니라 정확히 1933년 1월 28일에 영국 케임브리지 험버스톤 3번 도로에 최초로 기록되었다.

인도 유학생 초우드리 라흐마트 알리Choudhary Rahmat Ali가 "지금이 아니면 절대(Now or Never: Are We to Live or Perish Forever?)"라는 팸플릿을 쓴 장소는 그의 집이었다. 그는 인도의 다양한 지역에 사는 이슬람교도 신자들이 독립을 쟁취해야 하고 그들만의 국가를 가져야 한다는 자신의 신념을 표명했다. 그리고 이후에 "I"를 추가하여 이 지역을 파키스탄이라 불렀다. 이 명칭은 그가 인도로부터의 독립을 희망하는 몇 개의 인도 지역 명칭의 첫머리 글자이다.

펀잡Punjab의 P, 아프간Afghan의 A, 카슈미르Kashmir의 K, 신드Sindh의 S, 그리고 발루치스탄Baluchistan의 탄tan을 합한 것이다. 하지만 접미어 스탄stan은 아프가니스탄, 카자흐스탄, 우즈베키스탄과 같이 다른 국가들에서도 볼 수 있는 표현으로서 "~의 장소"라는 뜻의 페르시아어와 우르드어에서 나온 것이다.

페르시아어 말이 나와서 얘기인데, 이 이름은 페르시아어로는 또 다른 의미를 띠고 있다. 파크pak가 페르시아어로 순수를 뜻하기 때문에 페르시아어로 파키스탄은 "순수의 장소the place of the pure"가 되는 것이다. 그렇다. 파키스탄이라는 이름은 지역명들의 첫머리 글자임과 동시에 하나로 합쳐진 언어유희이기도 한 것이다!

알아두면 쓸모 있는 **어원잡학사전**

남쪽 바람의 신   ○

호주Australia는 자신들만의 경이로운 신화를 가진 호주 원주민들의 국가이다. 하지만 오늘날 우리가 모두 아는 이 국가명은 그리스 신화에 뿌리를 내리고 있다. 그리스인들은 모든 것에 신을 두었다. 디오니소스는 와인의 신이었으며 프리아포스는 과수 정원의 신이었다. 하지만 오늘 우리가 주목할 그리스 신은 남풍의 신인 노투스Notus/노토스Notos이다.

로마인들은 그들 스스로 그리스 신화를 받아들였으나 그들이 했던 한 가지 일이 있다. 신의 이름을 바꾼 것이다. 로마인들에 의해 제우스Zeus는 주피터Jupiter, 아레스Ares는 마르스Mars, 노투스Notus의 이름은 아우스테르Auster가 되었다. 남풍의 신의 이름이 아우스테르가 되면서, 영어에 매우 큰 영향을 미치는 라틴어로 인해 아우스테르는 일반적으로 남쪽을 뜻하는 용어가 되었다.

15~16세기에 존재했던 개념인 '테라 아우스트랄리스Terra Australis•'에서 이를 가장 잘 알 수 있다. 지구 전역이 탐험되기

• 라틴어로 '남쪽의 땅'을 의미하며, 남극을 중심으로 남반구의 대부분을 차지하리라 추측된 대륙

전까지 지도 제작사들은 아직 발견되지 않은 지역에 어떤 땅이 있을지를 추측하고 예측해야 했다. 당시 북반구에 방대한 땅덩이가 있다는 것을 알았으므로 남반구 또한 거대한 땅이 있으리라 추측했다.

네덜란드의 탐험가 아벌 타스만Abel Tasman이 이 땅을 처음 발견했을 때, 그곳을 뉴홀란트New Holland(아벌이 네덜란드인이라는 것이 여기서 명확히 드러난다)라 불렀지만 그렇게 굳어진 것은 아니었다. 1770년 제임스 쿡James Cook은 그 섬에 처음 발을 내디뎠고, 그곳을 뉴 사우스 웨일스New South Wales라 불렀다. 1800년대에 이르러서야 지금의 이름을 갖게 되었는데, 그 이름은 매슈 플린더스Matthew Flinders라는 선장이 붙였다. 그는 호주 땅의 해안 전체를 최초로 일주하여 그 땅이 사실상 하나의 섬이라는 것을 증명하였고, 그 유명한 테라 아우스트랄리스Terra Australis의 명칭을 그대로 따서 '오스트레일리아Australia'라는 이름을 대중들에게 알렸다. 그리고 1824년 이 이름은 공식용어가 되었다.

알아두면 쓸모 있는 **어원잡학사전**

FRANCE

러시아와 매우 흡사하게 프랑스France 또한 그곳에 사는 사람들을 일컫는 프랑크인the Franks에서 유래하여 이름이 붙여졌다. 프랑스의 라틴어 명칭은 프란키아Francia로서, '프랑크인들의 국가'라는 뜻이다. 프랑크 왕국이 최고 전성기일 때는 현대의 프랑스 대부분뿐만 아니라, 현대의 독일 · 네덜란드 · 벨기에 · 스위스 그리고 스페인 지역까지 Francia라 불렸다.

프랑크인은 독일의 라인 강 근처의 북유럽에 살았던 게르만인이었다. 그들이 프랑스 영토(당시에는 율리우스 카이사르와 로마 제국의 지배하에서 골Gaul이라 불렸다)로 내려와 이 지역을 자국 영토로 삼았다.

하지만 프랑크인들이 정확히 어떻게 그 이름을 갖게 되었을까? 전통적으로 그들이 사용하던 무기인 프랑키스카francisca라는 투척도끼의 이름에서 유래했다는 것이 일반적인 속설이다. 프랑스가 국민, 그러니까 프랑크인의 이름을 딴 것이고, 그 이름은 그들의 무기의 이름에서 왔다니 멋지지 않은가! 그러니까 내 말은, 그게 사실이기만 하다면 참 멋지겠다는 것이다. 그런데 최신의 증거들에 따르면 사실 그 순서는 반대이다. 도끼의 이름에서 유래한 프랑크인the Franks이라는 이름에서 프랑스France라는 이름이 온 것이 아니라, 프랑크인의 이름을 딴 무기의 이름에서 유래했다고 한다.

요즘은 또 다른 해석들이 힘을 얻고 있기도 하다. '프랑크'라는 명칭이 프리맨free man(무료인 사람)을 뜻하고, 이 말은 또 '없음'을 뜻하는 고대영어 프랑크franc/프랑카franca에서 왔다고 여겨진다. 그 이유는 프랑크인들이 골Gaul 지역을 정복한 이후 세금을 면제tax-free받았기 때문이다.

그 외에 "원하는 대로 행동하고 말할 수 있는 자유로운"이라는 의미의 "to be frank"라는 말에서 유래했다는 이야기도 있다.

⚜ THE UNITED STATES OF AMERICA

미국의 이름은 독일인이 지었다   ○

물론 이 국가를 그저 아메리카America라고만 부르진 않지만 일반적으로는 그렇게 지칭한다. (일종의) 아메리카로 불리는 곳은 USA가 위치한 대륙이다. 북으로는 캐나다, 남으로는 칠레가 있는 땅덩이를 아메리카 단일 대륙이라 여기는 사람들도 있고, 북아메리카와 남아메리카로 나누어 보는 사람도 있다. 일반적으로 파나마는 북아메리카 최남단, 콜롬비아는 남아메리카의 최북단으로 여겨진다.

크리스토퍼 콜럼버스Christopher Columbus가 아메리카 대륙을 발견하고, 첫발을 내디딘 유럽인이라는 이야기는 모두가 알고 있을 것이다. 하지만 오늘 우리가 더 주목하는 인물은 이탈리아 탐험가인 아메리고 베스푸치Amerigo Vespucci이다. 콜럼버스는 그가 발견한 땅이 아시아 서쪽이라 생각했지만, 아메리고는 그 땅이 사실상 아시아와는 완벽히 분리되었다고 주장했다. 결국 누가 맞았는가는 이제 우리 모두가 잘 아는 사실이다.

아메리고는 그 땅에 자신의 이름을 붙이지 않았다(이렇게 겸손하다니!). 그곳을 횡단했던 유럽인들에게 이 땅은 완전히 새로웠기 때문에 그는 이 땅을 "신세계the New World"라 불렀다. 그렇다면 누가 이탈리아 탐험가의 이름을 따서 그 대륙에 이름을 붙였을까? 영광의 주인공은 독일 지도 제작사 마르틴 발트제뮐러 Martin Waldseemüller이다. 당시까지 이루어진 모든 발견을 반영하여 그가 지도 제작을 하고 있었을 때 자처해서 그 지역에 이름을 붙였다. 오늘날의 아르헨티나, 칠레, 파라과이에 해당했을 듯한 그 지역을 아메리카라 부른 것이다. 이는 아메리고의 라틴식 표기법인 아메리쿠스 베스푸치Americus Vespucius에서 비롯하였다. 아메리고 베스푸치는 헝가리의 성 에메리코Saint Emeric의 이름을 따서 지었다고 알려지기 때문에, 아메리카라는 명칭은 헝가리인의 이름을 딴 이탈리아인의 이름을 다시 따서 독일인이 만든 지명이다.

국가명 중 "United States of(~합중국)" 부분에 관해서는 딱히 재밌는 내용이 없다. 미국이 독립했을 때 그렇게 불린 것으로서 여러 주가 통합되었다는 뜻일 뿐이다. 미국은 13개의 식민지로 시작했고, 지금은 우리가 모두 알듯이 50개 주이다. 독립선언문 초안과 헌법 서문에 "United States of America(미합중국)"가 등장하면서 1776년 버지니아 신문에 기고된 익명의 기사에 이 단어가 최초로 기록되었다.

◈ KENYA

케냐와 타조의 상관관계 ○

무엇보다 케냐Kenya는 현재의 이름을 갖게 된 것에 대해 타조에

알아두면 쓸모 있는 **어원잡학사전**

게 고마워해야 한다. 물론 조금 과장이긴 하지만 어쨌든. 케냐라
는 지명은 많은 사람의 머릿속에 자리잡은 아프리카의 고전적
이면서 선사시대에 가까운 인상을 불러일으키지만 사실 꽤 현
대에 만들어진 명칭이다. 그 땅의 사람들이 케냐를 어떻게 불
렀는지 우리는 사실 모른다. 그곳이 공식적으로 케냐가 된 것은
1920년 영국의 왕령 식민지로 선포되었을 때이다.

국가명은 케냐에서 두 번째로 높은 산이자 가장 상징적인 랜
드마크 케냐 산Mount Kenya의 이름을 따서 지어졌다. 그렇다면
케냐 산의 이름은 어떻게 지어졌나? 어떻게 그 이름을 갖게 되
었는지에 관해서는 무수한 의견이 있다. 가장 유명한 이야기
는 요한 루트비히 크라프Johann Ludwig Krapf와 요하네스 렙만
Johannes Rebmann(1846년 그 지역을 탐험한 두 명의 선교사)이 멀리서
그들이 보았던 거대한 산을 어떻게 부르는지 원주민 가이드에
게 물었을 때이다. 가이드는 그 산을 캄바어로 "키마 캬 케니아
Kiima Kya Kenia"라 불렀다. "케니아Kenia"는 산을 덮고 있던 반짝
이는 얼음과 관련하여 '반짝이다' 또는 '빛나다'로 번역된다.

그렇지만 캄바가 그 지역의 유일한 언어는 아니었다. 아메루
인들은 그 산을 키리미라Kirimira라 불렀는데, 이는 "흰색 깃털
산"이라는 뜻으로 이번에도 산 위의 얼음을 언급한 것이다. 키

쿠유인들은 그 산을 "신의 휴식처" 또는 "타조가 있는 곳"으로 번역될 수 있는 키리냐가Kirinyaga 또는 키리 냐가Kiri Nyaga라 불렀다. 어떤 사람들은 이 산이 수컷 타조와 닮았다고 생각했는데, 산의 검은색과 눈의 흰색이 거대하고 날지 못하는 그 새의 색깔과 같다는 것이다. 하지만 말했듯이 이 설명은 조금 많이 나갔다. 이 지역명은 그저 여러 지역에서 그 산을 지칭하는 것 중 하나였고, 영어로 잘못 발음되어 케냐가 된 것이다.

🍃 GREAT BRITAIN

UK보다 더 재미있는 영국의 이름   ○

끊지 말고 내 말 좀 들어달라. 물론 엄격히 말해 그레이트 브리튼Great Britain이라 불리는 국가는 없다는 것을 나도 안다. 그레이트 브리튼은 잉글랜드, 웨일스, 스코틀랜드가 있는 섬을 뜻하는 지리학적 명칭이다. 그리고 북아일랜드와 합쳐지며 연합왕국United Kingdom이라는 국가가 되었다. 하지만 UK라는 이름은 좀 시시하지 않은가.

한편 그레이트 브리튼은 훨씬 더 재미있는 어원을 갖고 있다.

알아두면 쓸모 있는 **어원잡학사전**

브리튼의 경우는 그리스 탐험가인 피테아스Pytheas가 기원전 4세기에 브리튼 땅에서 우연히 만났던 부족민에 기원하고 있다. 이들의 명칭은 프레타니Prettani였기 때문에 피테아스는 그가 만난 사람들이 있던 땅에 두 가지 이름을 붙였다. 바로 브레타니아Brettania와 프레타니케Prettanike. 이 두 개의 이름은 프레타니아Pretannia라는 하나의 이름으로 탄생되었고, 이는 우리가 오늘날까지 듣고 있는 그 이름과 몹시 비슷하게 들린다. 바로 브리타니아Britannia이다.

그렇다면 그 지역이 프레타니와 프레타니케였는데 브리타니아의 B는 도대체 어디서 나온 것인가? 글을 쓸 때 피테아스가 P와 B를 혼용하는 습관이 있었던 것으로 보인다. 로마인들이 그 땅을 정복하고, 그곳을 브리타니아Britannia라 부르기 시작하면서 철자 B가 사용된 것이다.

하지만 이 로마 지역은 지금의 잉글랜드와 웨일스만을 포함했다. 그렇다면 스코틀랜드는 어떻게 된 것일까? 안타깝지만 로마인들이 스코틀랜드를 완전히 정복하지는 못하였기 때문에 그들은 브리튼과는 분리되어 있었다. 결국 브리튼의 로마 지역은 잉글랜드 왕국the Kingdom of England으로 알려지게 되었다.

그레이트 브리튼의 그레이트the great는 프랑스의 브리타니와 견주어 브리튼이 더 크다는 의미다. 제임스 6세가 잉글랜드와 스코틀랜드 두 국가의 왕이 되었을 때 잉글랜드 왕국과 스코틀랜드 왕국은 그들의 왕정을 통합했고, 이때 그 지역은 공식적으로 그레이트 브리튼이라는 이름을 갖게 되었다. 그리고 두 단어가 합쳐져 그레이트 브리튼 연합왕국the United Kingdom of Great Britain이라 불렸다.

하지만 브리튼은 가끔 또 다른 이름인 블라이티Blighty라 불리기도 한다. 땅 이름이라기에는 귀여운 애완동물의 이름처럼 들릴 수 있지만, 사실 들리는 것보다 더 많은 역사가 숨어있다. 이 별칭은 제1차 세계 대전의 참호 속에서, 그리고 빅토리아 여왕의 인도 통치 전성기에 집을 떠나온 영국인들의 향수병에서 나온 말로 애정을 갖고 사용했던 말이다. 외국인, 영국인, 또는 유럽인 등을 의미하는 우르두어 "vilayati"에서 나온 단어로서 인도를 방문한 유럽인을 지칭하는 일반명칭이 되었다. 그리고 어느 순간 v를 b로 잘못 들었고, 그렇게 만들어진 "bilayati"가 결국 "Blighty"가 되었다. 맙소사Blimey!

알아두면 쓸모 있는 **어원잡학사전**

✎ THE NETHERLANDS

해수면 아래의 나라   ○

풍차, 스트룹 와플*, 나막신, 튤립의 나라를 떠올릴 때 그곳을 홀란트Holland라는 이름으로 지칭하는 것을 들어봤을 것이다. 하지만 이 나라는 사실상 네덜란드Netherland라고 불린다. 그렇다면 왜 한 국가가 호환 가능한 두 개의 이름을 가지고 있는 것일까? 그리고 무엇보다 이 두 개의 이름은 도대체 어디에서 왔는가?

두 이름 간의 차이는 무엇일까? 쉽게 말하면 홀란트는 네덜란드의 한 지역이다. 네덜란드의 전 지역을 홀란트라 부르는 것은 미국 전체를 텍사스라 부르는 것과 같다. 네덜란드에 포함된 이 지역은 국가의 서부 해안에 위치하며, 사실상 북 홀란트와 남 홀란트로 분리되어 있다. 국가 정체성의 많은 부분이 홀란트 지역 내에 존재하기 때문에 국가 전체를 홀란트라 잘못 부르게 된 것이다. 이를테면 앞에서 언급한 풍차, 튤립과 같이 모든 고전적인 네덜란드의 상징들이 홀란트에 기반을 두고 있

●   얇게 만들어 구운 반죽 두 개 사이에 카라멜 시럽을 넣어 만든 와플

다. 뿐만 아니라 암스테르담은 물론이고 헤이그, 델프트, 로테르담과 같이 네덜란드에서 가장 유명한 도시들 또한 홀란트에 위치한다.

네덜란드Netherland라는 이름의 기원은 그다지 흥미로운 것이 없다. 그저 네더nether의 땅이라는 뜻인데, 그렇다면 그것이 정확히 무슨 뜻일까? nether라는 단어는 "아래, 이하, 밑"이라는 몇 가지 비슷한 의미를 갖고 있다. 우리 몸의 특정 부분을 "the nether regions(아랫부분)"이라 일컫거나 마인크래프트 게임에서 지옥을 the Nether라고 부르긴 하지만 사실 네덜란드는 개인의 신체 일부 또는 블록 형태의 지옥과는 아무런 관계가 없다. 네덜란드Netherland에서의 nether는 그저 지대가 낮고 평평하다는 것을 의미할 뿐이다. 단지 해수면 기준에서 낮은 정도가 아니라 땅덩이의 1/3이 해수면 아래에 있다. 이렇다 보니 네덜란드는 정말 말 그대로 nether land(낮은 땅)라 부르게 된 것이다.

하지만 홀란트Holland라는 이름은 네덜란드 고어古語로 나무를 뜻하는 홀트holt와 땅을 뜻하는 란트lant에서 유래했다고 한다. 네덜란드 고어의 의미대로 해석해보면 나무의 땅woodland이 된다. 홀란트에는 목재가 그다지 많지 않아서 이상하게 들리

알아두면 쓸모 있는 **어원잡학사전**

긴 하지만 말이다. 민속적 어원에 따르면 홀란트는 할로우 랜드 Hollow Land라는 용어에서 비롯된 것인데, 이 또한 해수면 아래에 위치한 홀란트의 지형을 일컫는 것이다.

✔️ THE ISLE OF MAN

남자들만을 위한 섬   ○

지금 당신이 무슨 생각을 하고 있는지 안다. 맨섬Isle of Man을 국가로 볼 수 있는 거야? 뭐 이런 질문을 하고 있을 것이다. 이곳은 왕실령이라 불리는 곳으로서, 영국 왕실의 일부이기는 하나 UK의 일부는 아니다. 때문에 영국의 파운드화 외에 그들만의 또 다른 통화가 있다. 그뿐만 아니라 그들만의 국기, 언어, 여권, 그리고 정부도 갖추고 있다.

언뜻 보면, 이 국가의 이름은 믿기 어려울 만큼 성차별적으로 보일 수 있다. 남자들만을 위한 섬이라고? 하지만 단언컨대, 맨섬에는 남녀 모두가 살고 있다. 맨섬Isle of Man에서의 "Man"은 그 섬에 있는 전체 남성을 뜻하는 것이 아니라 우연히도 맨Man이라는 이름을 가진 한 남자를 일컫는 말이다. 그리고 그의 전체 이름은 맹크스어*로 마난난 막 리르Manannan Mac Lir이다. 마난난은 켈트와 맹크스 신화에 등장하는 신이다.

마난난은 아일랜드 바다의 신 리르Lir의 아들이라 여겨졌기 때문에 그는 바다의 군주가 되었다. 마난난은 이 섬의 첫 번째 통치자였으며 섬에 자신의 이름까지 부여했다고 알려져 있다. 맨섬 거주자들은 이러한 신화를 굳게 믿기 때문에 가끔 등장하여 섬을 덮어버리는 혹독한 바람, 안개, 그리고 옅은 안개가 신의 망토이며, 그것이 외부로부터 맨섬을 보호하는 것이라 말한다.

맨섬과 관련하여 또 하나 재미있는 것은 역사 전체에 걸쳐 이 섬에 들어온 다양한 언어들이다. 맨섬은 켈트어에 뿌리를 두고 있는데, 이는 "검은 강"을 뜻하는 초기 켈트어 두보글라시오duboglassio에서 유래했다고 알려진 맨섬의 수도 더글라스Douglas에서 확인할 수 있다. 반면 그곳의 램지Ramsey라는 마을 이름은 맨섬에 정착한 바이킹이 지은 것으로서 "Wild Garlic River(달래 강)"을 의미하는 고대 노르드어 고흐람즈아gohrams-á에서 유래하였다.

• 영국 왕실령인 맨 섬에서 쓰이는 켈트어파 언어

알아두면 쓸모 있는 **어원잡학사전**

난쟁이라는 이름으로 불린 적도 있다고? ○

일본의 잘 알려진 별명은 "떠오르는 태양의 땅"이다. 일본이라는 지명은 "해돋이"을 의미하는 중국어 지푼jih pun으로 거슬러 올라간다.

중국은 자국 기준에서 일본 땅이 위치하는 방향에 기인하여 일본을 그렇게 불렀다. 중국의 동쪽에 일본이 있으며, 해는 당연히 동쪽에서 떠올랐기 때문이다. 일본의 여러 지명이 중국과 관련된 경우가 종종 있는데, 이는 고대 중국이 일본의 초기 문명에 막대한 영향을 미쳤기 때문이다. 하지만 처음부터 일본이 그렇게 불린 것은 아니었다. 최초에 중국은 일본을 와wa라고 불렀는데, 이는 복종적이고 순종적이라는 의미에서부터 난쟁이 또는 피그미를 의미하기도 하는 다양한 뜻을 가진 표현이다.

당연하게도 일본인들은 이를 달가워하지 않았고, 당시 중국의 황제에게 서신을 보낼 때 일본의 쇼토쿠 태자가 최초로 "떠오르는 태양의 땅"이라는 단어를 사용했다. 일본은 "떠오르는 태양의 땅", 중국은 "지는 태양의 땅"이라 칭했는데, 중국에서는 인기가 없었던 별명이라는 것은 확실하다.

이 모든 역사로 인해 일본의 이름은 한자로 日本(일본)이 되었다. 하지만 일본어로 했을 때 이 이름은 영어로 익히 알려진 발음인 재팬Japan이 아니라 닛폰Nippon으로 발음된다.

그런데 시간이 갈수록 이 이름은 앞서 언급한 '재팬'이라는 이름으로 잘못 알려졌다. 일본 발음상의 '닛폰'이 중국어로는 앞에서 언급했던 지푼jih pun이 되었고, 마르코 폴로는 지푼이 풍요와 황금의 땅이라 듣게 된다. 그는 여행 중 그 지역을 지팡구Zipangu라 기록하였고 이것이 결국 오늘날 일본의 영문식 발음인 '재팬Japan'으로 변한 것이다.

02

도시와 마을

CITIES&TOWNS

물론 국가가 중요하고, 전부라고도 볼 수 있지만 인류가 능력을 펼칠 수 있는 도시, 마을, 그리고 다른 모든 종류의 정착지가 없는 국가란 상상할 수 없다. 우리가 사는 장소는 소박하고 조용한 마을에서부터 대도시, 난개발지에 이르기까지 온갖 형태를 가질 수 있다. 국가에서 그러했듯이 모든 종류의 논리적 규칙은 내던져 버리고, 이 지구, 도시 그리고 그들의 이름을 파헤쳐보자.

THE ORIGIN OF NAMES, WORDS AND EVERYTHING IN BETWEEN

☙ LONDON

'뉴 트로이'가 될 수도 있었던 도시 ○

매우 많은 사람들이 빅벤, 버킹엄 궁전, 그리고 런던아이가 있는 런던London을 도시의 중심이라 여기지만 그레이터 런던Greater London°의 전체 면적은 1,500km²가 넘는다.

런던London이라는 지명이 어디서 왔고, 오늘날 우리가 아는 그 이름을 갖기 전에는 그곳을 어떻게 불렀는지에 관해서 몇 가지 견해가 있다. 혹자들은 로마가 영국을 손에 넣기 전 그곳을 플로워니다Plowonida라고 불렀다고 믿는데, 이는 켈트 시대 이전 단어인 플루plew와 네쥐드nejd에서 유래한 단어로 넓게 흐르는 강을 뜻한다. 물론 여기서 말하는 강은 템즈를 일컫는다.

일부 역사학자들은 그 도시가 한때는 '새로운 트로이New Troy'를 뜻하는 트로야 노바Troia Nova라 불렸다고 믿는다. 트로이에서 망명한 브루투스Brutus가 이곳을 자신의 땅으로 선택했다고 알려졌기 때문이다. 굉장히 멋진 이름이기는 하지만, 그 이름은 계속 사용되지 못했다. 런던과 비슷하게 들리면서 최초로

● 영국 수도 런던 시를 중심으로 한 대도시주(region).

알아두면 쓸모 있는 **어원잡학사전**

기록된 지명은 로마인들이 사용한 이름이다. 그들은 기원후 43년에 자신들이 정착한 곳을 템즈 론디니움Thames Londinium이라 명명했다.

이 이름은 다양한 곳에서 유래한 것으로 보이는데, 한 가지 속설은 로마 이전 시대의 영국 왕이자 신화적 인물인 루드 왕King Lud의 이름에서 나왔다는 것이다. 하지만 또 다른 사람들은 런던이라는 이름이 앞에서 언급한 플로워니다Plowonida에서 유래했다고 생각한다. 이것이 러워니던전Lowonidonjon으로 진화하고 이후에는 로마식 이름인 런디니움Londinium으로 변하면서 지금의 런던London이 되었다는 것이다.

🌱 NEW YORK CITY

새로운 요크가 뭐야? ○

한때 누군가는 이곳을 "꿈이 만들어지는 콘크리트 정글"이라 불렀다. 하지만 지금 우리는 그곳을 뉴욕시티New York City라 부른다. 역사 전체에 거쳐 다양한 사람이 이 땅을 소유하였고 그로 인해 다양한 방식으로 불리게 되었다. 처음에는 이탈리안 탐험가 조반니 다 베라차노Giovanni de Verrazzano가 당시 앙굴렘 Angoulême 코뮌*의 백작이었던 프랑스의 프랑수아 왕의 이름을 따서 이곳을 뉴 앙굴렘New Angoulême이라 불렀다.

하지만 네덜란드인들이 토착 부족으로부터 이 땅을 사들이고 이곳에 정착했을 때 그들은 자국의 수도를 기리기 위해 이곳을 뉴 암스테르담New Amsterdam이라 이름 짓고, 이곳으로 가족을 보내어 일하며 살게 했다. 하지만 뉴 암스테르담은 영국 제국이 이 도시를 점령하여 장악했던 1664년 무너졌다. 잉글랜드의 왕 제임스 2세는 당시 요크York 공작이었고, 그의 이름을 따서 이 도시를 뉴욕New York이라 불렀다. 미국이 영국으로부터 독립을 쟁취했을 때도 뉴욕이라는 이름은 고수했다. 그런데 "New York"에는 무언가를 '새로운new' 버전으로 만들 만큼 오래된 것은 없었을 것 같다는 생각이 든다.

물론 뉴욕시티도 몇 개의 별명이 있다. '잠들지 않는 도시', '용광로', 그리고 가장 잘 알려진 '빅 애플Big apple'이 있다. 내가 전문가는 아니지만 뉴욕시티에서 자라는 거대한 사과는 한 번도 본 적이 없다. 그렇다면 이 별명은 어디서 온 것일까?

● 프랑스를 비롯한 일부 국가들의 최소 행정 구역, 코뮌

알아두면 쓸모 있는 **어원잡학사전**

이 이름은 뉴욕시티에 소재한 신문사에서 근무하던 스포츠 저널리스트인 존 피츠 제랄드Jon Fitz Gerald에 의해 명성을 얻게 되었다. 그는 뉴올리언스에서 마구간지기들이 뉴욕을 빅 애플이라 부르는 것을 들었다. 이 이름이 매우 마음에 들었던 그는 자신의 기사에 이 용어를 활용했고, 그렇게 빅 애플이 인기를 얻게 된 것이다.

당시 마구간지기들이 왜 뉴욕시티를 "빅 애플"이라 불렀는지에 관해서는 이렇다 할 설명이 없어 보인다. 하지만 내 생각에 뉴욕의 경마장이 미국 내에서 가장 인기 있는(big time) 경마장으로 여겨졌기 때문이 아닐까 싶다. 말은 사과를 좋아하니까 말의 입장에서 이렇게 큰 경기는 큰 사과가 될 수 있다. 물론 어디까지나 내 추측일 뿐이다.

ROME

쌍둥이 형제의 전설 ○

로마Rome는 아마도 이 행성에 여전히 존재하고 있는 가장 중요한 도시 중 하나일 것이다. 왜냐하면 로마제국이 있던 곳이 아닌가! 사실 이 도시의 이름은 로물루스Romulus와 레무스Remus 이야기와 함께 고대 전설에 뿌리를 두고 있다.

이 쌍둥이 형제의 이야기를 하자면, 형제가 아기였을 때 부모의 손에 버려졌다. 이들은 바구니에 담긴 채 테베레 강River Tiber(옛 이름은 티베르 강)에 떠 있다 결국 좌초되는데 이때 신화 속 암컷 늑대가 두 아이를 발견하여 돌보았다. 쌍둥이에게 젖을 먹이는 암컷 늑대의 모습은 오늘날까지도 로마 도시 전체에서 예술작품과 조각물로 볼 수 있다.

두 형제가 성장했을 때 그들은 자신을 돌봐준 늑대를 위한 도시를 건설하기로 한다. 하지만 두 형제는 어디에 도시를 건설해야 할지를 두고 논쟁했고, 결국 로물루스는 그의 쌍둥이 형제를 죽이게 된다! 그렇다. 정말 빠르게 격화된다. 로물루스는 레무스 없이 혼자였기에 자신이 건설한 도시의 단독 건립자이자 초대 왕이 될 수 있었다. 그는 자신의 이름 로물루스를 따서 그 지역을 로마Roma라 이름 지었고, 영어로는 롬Rome이다.

이는 그저 하나의 전설에 불과하지만 로마가 실제로 건설될 수 있었던 것은 그 도시의 일곱 개 언덕에 위치한 정착지가 발달했기 때문이다. 즉 그 지역이 테베레 강과 가까웠기 때문에 문명을 꽃피울 수 있었다. 도시가 세워질 수 있었던 이유는 현

알아두면 쓸모 있는 **어원잡학사전**

실적이지만 로마의 어원은 여전히 신화 세계에 존재한다.

✒ TOKYO & KYOTO

수도의 동쪽 이야기   ○

역사적으로 이 두 도시의 이름과 역사는 매우 긴밀히 연결되어 있다. 도쿄는 일본의 수도이다. 하지만 항상 그랬던 것은 아니다. 일본은 크게 두 가지 특징을 보이는 국가이다. 하나는 기술적 발전과 빠른 변화, 애니메이션과 비디오 게임을 사랑하는 강국이라는 점이고 이는 도쿄에서 가장 잘 드러난다. 다른 하나는 고요, 떠오르는 태양, 사무라이, 그리고 미닫이문이 있는 옛 목조 건물의 이미지로, 교토에서 가장 잘 확인할 수 있다. 한때 일본의 수도였던 곳이 바로 이 두 번째 도시인 교토이다.

교토를 한자로 표기하면 "京都(경도)"이며, 이 단어 자체가 수도를 의미한다. 京(경)은 수도를 뜻하고, 都(도)는 도시를 뜻한다. 일본 천황이 교토에 살았기 때문에 역사적으로 교토가 일본의 수도였다. 그러면 도쿄는 어떻게 되는가? 당시 도쿄는 강과 바다가 만나는 넓은 지역인 어귀를 뜻하는 에도Edo 라 불리었는데 이는 도쿄의 위치를 말해준다. 에도는 무역이 번성한 곳이었고, 일본과 서방국 간의 교역 핵심지였으므로 교토는 다소 시대에 뒤처지게 되었다. 교역 능력과 서방국에 대한 접근성이 에도에서 자리잡혔기 때문에 젊은 메이지 천황과 그의 과두 정치인들은 황가를 교토에서 에도로 옮기길 원하면서 1868년 이 문제는 더욱 심각해졌다.

황가로 인해 도시가 변하면서 에도의 이름도 함께 변하게 되었다. 이곳은 도쿄로 개명되었고, 한자로는 '東京(동경)'이라고 적는다. 도쿄는 일본의 과거 수도였던 교토의 동쪽에 위치하므로 "동쪽 수도"라는 의미이다. 그래서 "수도"를 뜻하는 "교"자가 교토(수도 도시)라는 이름에서는 앞에 위치하고 도쿄(동쪽 수도)에서는 끝에 위치한다.

❦ CHICAGO

양파가 잘 자라는 도시 ○

시카고Chicago는 종종 "바람의 도시"라 일컬어진다. 시카고라는 이름이 '양파'에서 온 것이라 여겨지기 때문에 다소 냄새나는 시카고의 어원을 없애려면 약간의 바람이 필요할 수도 있겠다.

시카고가 어떻게 지금의 이름을 얻게 됐는지에 대한 몇 가지 의견이 있긴 하지만 가장 인기 있는 속설은 어찌 됐든 양파설이다. 모든 속설에서 미국 원주민 단어가 제시되는데, 그중 한 가지는 원주민 추장 시카구Chicagou의 이름을 따서 지었다는 것이다. 그가 물에 빠져 사망했던 강의 이름도 시카고 리버Chicago River였다. 반면 "놀기 좋은 물"을 뜻하는 "쉬카고shecaugo" 또는 궁핍을 뜻하는 "초카고chocago"라는 원주민어에서 유래했다고 믿는 사람도 있다.

하지만 앞서 말했듯이, 가장 대중적인 (그리고 내가 가장 좋아하는) 의견은 당신을 울릴 수 있는 채소, 바로 양파에서 비롯했다는 것이다. 원주민들은 그곳에서 자라는 작물로 지역명을 정하는 기가 막힌 작명법을 갖고 있다. 이는 실용적이기도 하다. 그렇게 함으로써 자신들이 필요로 하는 것이 어디에서 자라는지를 기억할 수 있게 된다. 시카고에 하나의 개천이 있었는데, 당시에는 "냄새나는 양파"라 여겨졌던 리크leek•가 그 둑을 따라 자랐다.

●　부추속의 재배식물로서, 서양대파라 부르기도 함

그렇게 이 도시는 "냄새나는 양파"를 의미하는 원주민어 "쉬카콰shikaakwa"라 불리게 되었다. 이곳을 탐험하던 프랑스인들이 이 이름을 프랑스식으로 바꾸면서 시카고가 되었다. 이 지명을 글로 쓴 첫 번째 사람으로 프랑스 탐험가인 로버트 드 라살Robert de la Salle을 인정하긴 하나 그는 "쉐카고우Checagou"라 기록하였다. 그리고 바로 그 단어에서 오늘날 우리가 알고 있는 이름으로 진화한 것이다.

✔ LIVERPOOL

진흙탕 웅덩이와 장어   ○

리버풀Liverpool은 역사적으로 가장 유명한 네 개의 이름이 있는 곳이다. 바로 존John, 폴Paul, 조지George, 링고Ringo다. 혹자들은 리버풀이라는 이름이 명성을 얻게 된 것은 바로 이 유명한 네 명의 사람들 때문이라고 이야기하지만, 리버풀이란 이름이 과연 어디서 시작했는지부터 알아보자.

지명에 직접적인 영향을 미친 것은 아니지만, 리버풀은 그 지역을 관통하여 흐르는 머지 강River Mersey에서 유래하였다. '풀

pool'은 그저 물웅덩이를 뜻하는데, 그렇다면 '리버liver'(신체 장기 '간'의 의미가 있다-옮긴이)는 무슨 의미일까? 다행히 그 이름이 '간 웅덩이'를 말하는 것은 아니다. 보기에도 흉하고, 도시 이름에 붙이기에는 끔찍할 테니까.

리버풀Liverpool에서의 'Liver'는 두 개의 고대 영어 단어 중 하나에서 출발했다. 가끔 머지 강이 썩 깨끗하지는 않았기 때문에 그 지역은 "진흙탕 웅덩이"를 뜻하는 '리우에르풀Liuerpul'이라 처음 기록되었다. 이름의 앞부분은 "두껍고 응고된 물"을 의미하는 고대 영어 '리퍼lifer'에서 비롯된 것으로, 사실 이것도 간 웅덩이라는 의미보다 크게 좋아 보이진 않는다.

이 도시명의 기원에 대한 두 번째 견해는 머지 강에서 발견되는 엄청난 양의 장어로 인해 "장어 웅덩이pool of eles"라는 뜻의 엘버풀elverpool에서 유래했다는 것이다.

또한 이 도시명에서 영감을 받아 도시를 대표하는 새 이름이 지어졌다. 바로 '라이버 버드Liver Bird'이다. 이 경우는 liver를 '라이버'라고 발음한다. 이 새는 도시 전역, 축구팀의 엠블렘, 도시 내 가장 유명한 랜드마크인 리버Liver 빌딩의 꼭대기에서 볼 수 있다. 만약 리버 빌딩 꼭대기에 있는 라이버 버드가 멀리 날아가 버리면 이 도시는 더 이상 존재하지 않을 것이라는 전설도 있다. 그래도 그 새들이 구리로 만들어져 있고, 리버 빌딩의 꼭대기에 단단히 고정되어 있으니 얼마나 다행인지 모른다. 그렇게 쉽게 날아가 버리지는 않을 테니 말이다.

✤ SYDNEY

토마스나 타운센드로 불릴 수도 있었던 곳　　　　　　　　　　○

내가 시드니Sydney라는 지명을 처음 봤을 때 바로 든 생각은 '누군가가 Sidney의 철자법을 잊어버린 것이 아닐까?' 하는 것이었다. 물론 그렇게 단순하지는 않다. 이 도시는 누군가의 이름을 따서 만들어졌다. Sydney가 아닌 누군가의 이름을!

　토마스 타운센드Thomas Townshend는 1783년 영국의 장관이었고 그가 호주에 식민지를 건설할 것을 영국 정부에 권했다. 700명이 넘는 사람을 실은 배가 잉글랜드에서 출발하여 처음 그 땅에 도착했던 1788년에 도시를 건설하였다. 그리고 토마스 타운센드의 전체 이름인 '제1대 시드니 자작 토마스 타운센드 Thomas Townshend, 1st Viscount Sydney'에서 도시명 시드니가 만들어졌다. 그렇다면 우리는 토마스 자작이 어떻게 그러한 직함을 갖게 됐는지부터 혼란스러워진다.

토마스 타운센드는 29년간 영국 의회의 일원이었고 은퇴와 동시에 상원이 되면서 남작의 직함을 얻게 되었다. 시드니 남작 토마스 타운센드Thomas Townshend, Baron of Sidney가 된 것이다. 그런데 어디서 나온 것인지는 이 이름에서 알 수 없다. 토마스가 그저 시드니라는 이름을 마음에 들어 하기도 했고, 먼 친척인 앨저넌 시드니Algernon Sidney의 성이기도 했다. 하지만 원래의 시드니 일가가 나중에 이 이름을 사용하고 싶어 할지 모른다는 걱정을 했기 때문에 I를 Y로 바꾸어 시드니Sydney 남작이 되었다. 그리고 나중에는 신분이 상승하여 시드니 자작이 된 것이다. 이렇게 우리는 호주 정착을 제안했을 당시의 시드니 자작 이야기로 되돌아올 수 있게 되었다. 오늘날 우리가 확인할 수 있듯 이후에도 그 이름이 잘 사용되었다.

하지만 이 모든 게 참 바보스럽다. 말 그대로 '타운town'이라는 단어가 버젓이 들어 있는 사람의 이름을 가져다가 정착지 이름을 만들면서 굳이 시드니로 하다니! 동네 이름을 지을 때 이왕이면 타운센드Townshend라 불리는 사람의 이름으로 하고 싶지 않았겠는가. 그런데 굳이 이름이 아닌 직함을, 그것도 자신의 이름도 아닌 것을 쓰다니. 이렇게 바보 같을 수가.

✒ BUDAPEST

생각보다 어린 도시의 이름   ○

헝가리의 수도 부다페스트Budapest에는 유럽에서 가장 오래된 동물원과 지하철 노선이 있다. 때문에 역사가 유구할 것 같지만 사실 이 도시는 상당히 새로운 곳이다. 현재 우리가 알고 있는 부다페스트도 1873년 "창조되었다". 그러니까 200년도 채 되지 않은 도시이다. 하지만 앞에서 언급한 동물원과 같이 몇몇 지역은 그보다 훨씬 오래되었다. 동물원은 이 도시가 형성되기 8년 전인 1865년에 문을 열었다. 어떻게 부다페스트보다 동물원이 더 오래될 수 있을까? 그리고 부다페스트라는 이름은 어디서 온 것일까?

'부다페스트'라는 이름은 본래 3개의 소도시가 하나로 합쳐지면서 만들어진 것이다. 이 도시들의 이름은 부다Buda, 오부다Óbuda(그저 오래된 'Old 부다'라는 의미), 페스트Pest였다. 이 도시들이 합쳐져 하나가 되었을 때 지명을 새로 만드는 대신 그저 '부다'와 '페스트'를 합하여 '부다페스트'가 만들어졌다. 물론 한때 '페스트부다PestBuda'도 고려되었지만 그렇게는 혀가 잘 굴러가지 않는다.

알아두면 쓸모 있는 **어원잡학사전**

'오부다Óbuda'는 '부다Buda'와 이름이 매우 많이 겹치기 때문에 도시 이름에서 '오부다'를 별도로 지칭하지는 않는다(오부다 부다페스트Óbuda Budapest는 듣기에도 별로다). 그렇다면 '부다'와 '페스트'에 대해서 더욱 자세히 알아보자. 다뉴브 강은 부다페스트를 관통하여 흐르며 강의 서쪽에는 부다, 동쪽에는 페스트가 위치한다. 두 지역이 지금은 하나의 도시가 되었지만, 그들은 여전히 각자의 독특한 정체성에 자긍심을 갖고 있다. 부다는 역사적 상징물이 보다 많고, 아름다운 언덕과 자연, 평화와 고요가 있는 곳이라면, 페스트는 훨씬 현대적이고, 사람들로 붐비며, 도시의 밤 문화를 잇는 허브이다.

자, 이제 '부다'와 '페스트'에 대해 알게 되었고, '부다페스트'라는 이름이 그저 '부다Buda'와 '페스트Pest'를 통합하여 만들어진 것이라는 것도 알게 되었다. 그렇다면 (이 글을 읽어 내려왔다면 당신은 이제 내가 무슨 말을 할지 알 것이다!) '부다'와 '페스트'라는 이름은 또 어디서 유래한 것일까? 두 지명의 기원은 명확하지 않다. 부다는 누군가의 실제 이름이었다고 알려져 있다(아마도 도시의 고대 역사에서 중요한 인물이었을 것이다). 반면 페스트는 고대 그리스의 천문학자이자 지리학자인 프톨레마이오스Klaudios Ptolemaeos의 저서에서 이 도시를 페션Pession이라 부른 것에서 유래했다고 한다.

부다와 페스트의 지명이 각각 어디서 나왔는지는 모른다고 하더라도 이제 우리는 '부다페스트Budapest'라는 이름의 유래는 확실히 알게 되었다. 이것이 우리가 알고 싶었던 것 아니겠는가?

ꙮ LLANFAIRPWLLGWYNGYLLGOGERYCHW YRNDROBWLLLLANTYSILIOGOGOGOCH

자본주의가 낳은 이름 ○

절대, 키보드 치다 잠든 게 아니다. '흘란바이르푸흘귄기흘고게러휘른드로부흘흘란더실리오고고 고흐Llanfairpwllgwyngyllgogerychwyrndrobwllllantysiliogogogoch'는 지 명으로는 지구상에서 가장 길고, 그보다 더 긴 것은 '타우마타 화카탕이항아코아우아우오타마테아투리푸카카피키마웅아호로 누쿠포카이훼누아키타나타후Taumatawhakatangihangakoauauotama teaturipukakapikimaungahoronukupokaiwhenuakitanatahu'라는 이름의 뉴질랜드 언덕밖에 없다. 유튜브 채널과는 달리 책에서는 이를 발음하지 않아도 되기 때문에 책에서 'Llanfairpwllgwyngyllg

알아두면 쓸모 있는 **어원잡학사전**

ogerychwyrndrobwllllantysiliogogogoch'를 다뤄보기로 했다. 발음은 독자에게 맡긴다.

흘란바이르푸흘Llanfairpwll 마을은 웨일스에 있는데, 웨일스에는 아스바티 아스트위스Ysbyty Ystwyth, 플룸프Plwmp와 같은 이름의 마을도 있다. 원래 이 지역의 이름이 얼마나 복잡한지를 알 수 있다. 외계어처럼 보일 수 있지만, 웨일스어에서 W와 Y가 모음이라는 사실을 반드시 기억하자. 'Llanfairpwllgwyngyllgogerychwyrndrobwllllantysiliogogogoch'라는 지명은 물론 웨일스어이다. 이를 번역하면 "급격한 소용돌이 근처 흰색 개암나무의 텅 빈 곳에 있는 성모 마리아 교회와 붉은 동굴의 성 티실리오 교회"라는 뜻이다.

이 터무니없이 긴 이름에 관한 흥미로운 점은 이 지명이 고대의 유산으로서 현대까지 남아 있는 것이 아니라는 점이다. 옛날부터 그렇게 불렸던 것이 아닐뿐더러, 19세기에 이 마을 사람들이 의도적으로 무리하여 이 마을에 장황하고 우스꽝스러운 이름을 붙였다. 본래는 '흘란바이르푸흘Llanfairpwll'이라 불렸는데, 1880년대 재치있는 마케팅 전문가가 이 도시로 더 많은 관광객과 관심을 끌어들이기 위해 지명의 끝에 말도 안 되는 양의 글자를 덧붙인 것이다. 그런 충격적인 이름이 없었다면 우리가 이 마을에 관해 이야기할 일은 없었을 거라는 점에서 그 방법은 분명히 효과가 있었다!

Å

가지고 싶은 이름 ○

말도 안 될 만큼 긴 이름에서 사랑스럽고 짧은 이름에 이르기까지, 이제는 노르웨이 마을 오Å를 알아보자. 오Å는 그저 고대 노르드어로 "작은 강"을 뜻하기 때문에 노르웨이에는 이 의미에서 유래한 오Å라는 마을이 몇 곳 있다. 그러나 가장 인기 있는 마을은 로포텐Lofoten제도의 거의 최남단에 위치한 지역이다. 여름에 가장 많은 방문객이 오는 곳이자 마을 진입로에 재미있는 "Å" 표지판이 있기 때문이다. 이 표지판을 몇 차례 도난당했다는 사실은 놀랍지도 않다.

03

랜드마크

LANDMARKS

무언가를 한참 멍하니 바라보는 것만큼 우리 인간이 더 사랑하는 행동이 또 있을까? 나는 무용하고 예쁜 것들을 넋 놓고 바라볼 때 충만감을 느낀다. 그러니 이 멋진 것들을 내가 얼마나 오랫동안 바라봤는지도 상상할 수 있을 것이다. 바라보는 것만으로는 부족해서 그것을 실제로 보기 위해 전 세계에서 사람들이 오고, 만지고, 함께 사진을 찍고 조악한 기념품까지 사기도 한다. 이들을 '랜드마크'라고 부르기도 한다. 일부는 자연에 의해, 다른 일부는 인간의 손에 의해 만들어졌는데 어찌 됐건 이 모두는 (적어도 이 책에 나오는 것들은) 흥미로운 이름을 갖고 있다.

❦ THE EIFFEL TOWER

생각보다 단순하게 붙여진 이름   ○

에펠탑The Eiffel Tower은 분명히 눈에 꽤 띈다(미안하지만). 그런데 그 이름은 어떻게 만들어졌을까? 에펠탑은 만국 박람회 Exposition Universelle에서 가장 중요한 조형물로 등장했다. 이 만국박람회는 프랑스 혁명 100주년을 기념하는 행사로서 100명이 넘는 예술가가 파리 중심의 샹드르 마스Champ-de-Mars에 무엇을 전시할지에 대한 기획서를 제출했다. 저명한 건축가 알렉상드르 구스타브 에펠Alexandre-Gustave Eiffel이 이끄는 건설 및 컨설팅 회사Eiffel et Compagnie의 기획안이 선정되었다.

건축가 에펠은 파리에 탑을 세우기 전부터 구조물과 교량의 설계와 제작을 해왔다. 1877년 부다페스트의 뉴가티 철도 터미널, 1884년 프랑스의 가라비 고가교, 1878년 미국에 선물한 자유의 여신상이 그의 작품이다. 그리고 1889년 자신의 이름을 붙인 탑이 파리 중심에 서게 되었다. 이로써 오늘날 우리가 다 아는 이름 "에펠탑the Eiffel Tower"이 되었다.

자유의 여신상의 경우에는 그가 제작에만 참여했지만 에펠탑은 설계와 제작을 모두 담당했다. 뭐가 됐건 지구상에서 가장 대표적인 두 개의 랜드마크를 작업했다는 것은 꽤 그럴듯하지 않은가?

　매년 수백만 명의 사람들이 에펠탑을 보기 위해 온다. 많은 사람이 사랑하지만 그다지 사랑하지 않는 사람들도 있다. 에펠탑을 싫어했던 사람 중 가장 유명한 사람은 아마도 작가 가드 모파상Guy de Maupassant일 것이다. 그는 그 탑이 너무 보기 싫어서 탑 바로 아래서 자주 점심을 먹었다. 그곳이 유일하게 파리에서 탑이 보이지 않는 곳이었기 때문이라는데, 이렇게 논리적일 수가.

🍃 BIG BEN

시간을 견뎌낸 이름　　　　　　　　　　　　　　　　　○

잠시 하던 것을 멈추고 빅벤Big Ben이라는 말도 안 되는 이름이 도대체 무엇인지에 대해 잠깐이라도 생각해 본 적이 있는가? 우수 품종 대회에서 수상한 황소나 그 비슷한 것을 부르는 이름 같아 보인다. 그럼에도 빅벤은 영국의 인기 있는 랜드마크 중 하나다.

하지만 내가 빅벤을 이야기할 때 정확히 무슨 이야기를 하게 될까? 정면에 시계가 있는 탑 전체를 떠올린다면, 틀렸다. 보통 이곳 영국에서는 빅벤을 그렇게 알고 있지만 나는 조금 새로운 것에 대해 설명해보겠다. 빅벤은 하루의 시간에 맞추어 울리는 가장 큰 종을 일컫는 이름이다. 빅벤이 설치된 탑이 1844년 처음 세워졌을 당시에는 공식적인 이름이 없었다. 1844년부터 2012년까지 이 탑은 그저 시계탑이라 불렸다. 2012년이 되어서야 엘리자베스 2세의 즉위 60주년을 기념하며 '엘리자베스 타워Elizabeth Tower'라는 공식 명칭을 갖게 되었다.

빅벤이 건물이 아닌 종을 의미한다는 것까지는 명확해졌으니 이제는 이름을 살펴보자. 어떻게 그 종이 저렇게 우스꽝스러운 이름을 갖게 됐는지에 대해 몇 가지 견해가 있다. 하나는 웨일스의 토목 기사이자 정치인인 벤저민 홀Benjamin Hall의 이름을 따왔다는 것이다. 그는 영국 의회에서 사랑받았던 몸집이 큰 인물이었으며, 종의 제작과 설치에 중요한 역할을 했다. 그런 점에서 그의 이름을 따서 종 이름을 지은 것이 일리가 있긴 하지만 다른 견해도 존재한다. 당대 인기 있던 영국의 복싱 챔피언 벤 카운트Ben Caunt의 이름을 따서 지었다는 것인데, 그 또한 별명이 '빅벤'이었다.

정치인이든 복서이든 간에, 빅벤은 시간을 견뎌낸 이름이다. 다소 바보 같은 나라의 다소 바보 같은 이름이다.

✌ MOUNT RUSHMORE

뉴욕 변호사의 이름을 붙였다고?   ○

사실 미국을 대표해서는 자유의 여신상을 말하려 했다. 그런데 에펠탑을 이야기할 때 이미 약간 다루기도 했고, 이름도 그저 자유의 상(像)일 뿐이라서 그다지 흥미로운 내용도 없다. 그러니 이번에는 러시모어Rushmore 산의 화강암에 새겨진 4명의 미국 대통령 워싱턴Washington, 제퍼슨Jefferson, 루스벨트Roosevelt, 링컨Lincoln을 살펴보자.

현재의 러시모어 산은 정확히 표현하면 산이 아니라 저반이라 알려진 것이다. 이 책이 지질학책이 되지 않기 위해 짧게 설명하자면 다소 평평한 면을 대표적인 특징으로 하는 일종의 암층인데, 여기에서 평평하다는 것은 보통의 산들과 비교했을 때 그렇다는 말이다. 거대한 얼굴을 조각해 넣기에 딱 맞는 정도의 평면이다.

그런데 그곳에 대통령의 얼굴이 들어가기 전부터, 그 저반은 러시모어 산이라 불리었다. 사실 이것은 빅벤 타워냐 빅벤 종이냐의 문제 같기도 하지만 저반을 러시모어 산이라 부르고 그 한쪽 면에 있는 조각은 러시모어 산 국립기념지라 부른다고 하니 빅벤만큼 헷갈리지는 않을 수 있겠다. 러시모어 산의 명칭은 이 산(나는 그냥 이것을 이해하기 쉽게 산이라 부르겠다)을 처음 발견한 사람 혹은 최초로 정상에 오른 사람의 이름에서 유래한 것이 아니라 뉴욕에서 활동하던 변호사 찰스 러시모어Charles Rushmore의 이름을 따서 만든 것이다.

주석광산의 법적 분쟁을 해결하기 위해 블랙힐스 지역민들이 그를 고용하여 1884년 찰스가 그곳에 왔다. 그리고 몇 년 후인 1925년 기념물에 대한 계획이 진행 중이었다. 찰스 러시모어는 도언 로빈슨(기념지 제작을 구상한 인물)에게 편지를 보내어 어떻게 그의 이름이 이 산의 지명으로 쓰이게 됐는지를 설명했다. 그의 편지에 따르면 블랙힐스에서 일하고 있던 어느 날 그가 "주변의 봉우리 위로 솟아있던 화강암산"을 바라보고 있었다. (친해진) 지역민들에게 저 산의 이름이 뭐냐고 물었더니 그들은 이름이 없다고 말하고는 즉석에서 러시모어 봉이라 이름 지었다는 것이다. 그때부터 러시모어 봉Rushmore Peak, 러시모어 산

알아두면 쓸모 있는 **어원잡학사전**

Rushmore Mountain, 그다음은 러시모어 암Rushmore Rock으로 바뀌더니 마침내 러시모어 산Mount Rushmore으로 굳혀졌다.

하지만 그 편지를 부친 1925년에는 공사가 시작되지도 않았다. 1927년이 돼서야 산의 한쪽 면이 처음 조각되었다. 도언 로빈슨이 처음에는 니들스Needles라 알려진 몇 개의 화강암 기둥에 조각하기를 원했지만 조각가 거츤 보글럼Gutzon Borglum은 조각을 지탱할 수 있을 만큼 기둥이 많지 않다고 느꼈고, 그리하여 러시모어Rushmore가 선택되었다.

🖋 CHECKPOINT CHARLIE

가장 큰 사랑을 받은 검문소   ○

만약 당신이 베를린에 있고, 냉전의 역사에 대해 잘 모른다면 왜 그렇게 많은 사람이 작고 하얀 부스 주위에 모여 그것을 쳐다보고 사진을 찍는지 의아할 것이다. 닥터가 베를린에 등장하여 그의 박스를 파란색에서 흰색으로 칠하고 있어서도 아니다.•

● 영국의 TV쇼 〈Doctor Who〉의 주인공 The Doctor와 그가 타고 다니는 전화박스 모양의 파란색 타임머신을 이야기한다.

그 이유는 바로 모두가 '체크포인트 찰리Checkpoint Charlie'를 보고 있기 때문일 것이다.

체크포인트 찰리는 베를린 장벽 그리고 냉전과 함께 등장했다. 냉전에 대해 잘 모르는 독자를 위해서 가능한 한 쉽게 설명해 보고자 한다. 냉전은 제2차 세계 대전의 여파로 미국과 러시아 사이의 긴장이 고조되었던 상태를 말한다. 독일은 모든 것(제2차 세계 대전의 히틀러와 그 모든 것을 어떻게 해야 할지)의 중심에 휩싸여 있었다. 이로 인해 독일은 동서로 분단되었고, 베를린 또한 동과 서로 나뉘었다.

그 악명높은 베를린 장벽이 동베를린과 서베를린을 나누었다. 일반 시민들은 이 장벽으로 인해 두 곳의 삶이 단절되었지만, 고위 관료를 비롯한 일부 사람들은 여전히 도시의 양측을 오가야 했다. 때문에 검문소들이 만들어졌다. 그들 가운데서 체크포인트 찰리가 가장 유명해졌다. 이는 서방 연합국이 부르는 이름인데, 나토NATO의 공식 음성문자*로 'C'가 찰리Charlie와 동일하기 때문이다. 또한 체크포인트 브라보Bravo도 있다.**

- 일반적으로 나토 포네틱 코드NATO phonetic code라 부르며, 무선 통화표 중 하나로 전시 상황, 파일럿 통신 등에 쓰인다.
- 당시 세 개의 검문소가 설치되었고, 각각 체크포인트 알파(A), 체크포인트 브라보(B), 체크포인트 찰리(C)로 불린다.

시간이 갈수록 서방 연합국은 체크포인트 찰리에 대한 애정이 더욱 커졌다. 베를린 장벽이 무너진 후 본래의 막사는 철거되었지만 그곳에 대한 애정이 너무 커져버린 까닭에 역사적 가치가 있다고 생각해 모형까지 만들어내게 된 것이다. 아니, 뭐 일단 모형 랜드마크도 랜드마크이긴 하지 않은가?

MOUNT EVEREST

장관님의 이름을 붙여볼까? ○

부르즈 할리파는 829.84m 높이로 전 세계에서 가장 높은 빌딩이니 꽤 높다고 할 수 있다. 이 건물을 꽤 높다고 표현한다면 8,848m의 에베레스트Everest 산은 지구상에서 가장 높다고 말할 수 있다.

에베레스트라는 이름을 갖기 전, 그 산은 몇 가지 다른 이름으로 불렸다. 사실 지금까지도 그렇다. 네팔에서는 사가르마타Sagarmāthā, 티베트어로는 초모랑마Chomolungma라 불린다. 개인적인 생각으로는 이런 이름들이 영어권 지역의 사람들이 그 산에 붙인 이름보다 훨씬 예쁘다. '사가르마타'라는 네팔 이름은

"하늘의 이마"를 의미하고 티베트 지명 초모랑마Chomolungma는 "세상의 어머니"를 의미한다. 이 이름이 에베레스트보다 더 낫다는 데 모두가 동의하리라 생각한다.

그렇다면 영어에서는 왜 이 이름이 무시되었을까? '에베레스트'라는 이름은 영국 정부가 후원한 대삼각측량Great Trigono-metrical Survey국이 1852년 그 산을 "발견"했을 때 붙인 이름이다. 그들이 그냥 큰 산이 아니라 지구상에서 가장 큰 산을 발견했다는 것을 깨달았을 때, 그들은 산에 이름을 붙여야 했다. 당시 국장이었던 앤드류 워Andrew Waugh경은 선임 장관이었던 조지 에베레스트George Everest의 성씨를 따서 그 산의 이름을 지었다.

하지만 조지 에베레스트 전 장관은 자신의 이름을 따서 이 거대한 산의 이름을 지었다는 것을 들었을 때, 조금도 영광스럽게 생각하지 않고 오히려 당황스러워했다. 조지 장관은 삶의 많은 시간 동안 인도에 머물며 측량팀에서 활동했기 때문에 발견하는 모든 것에 영어식 이름을 가져다 붙일 것이 아니라 원주민의 언어를 유지해야 한다고 생각했다. 지금이야 영국인들이 그 산을 발견했을 당시 산의 토착지명이 (두 개나) 있었고 지금도 있다는 것을 알지만 당시에는 알지 못했다. 이름만 몰랐던 것이 아니라 네팔인들이 영국 측량팀의 입국마저 금지하는 분위기였다. 측량팀이 아는 토착지명은 없었고, 그들이 토착지명을 발음하지 못할 수도 있다는 걱정에, 조지 에베레스트 장관은 이름 때문에 다투는 일을 멈추고 그곳을 에베레스트라 부르도록 했다. 그리고 약 1년 후 조지 장관은 안타깝게 사망했다. 우리는 그가 자신의 눈으로 그 산을 직접 본 적이 있는지조차 알 수 없다.

K2

원래 이름은 '죽음의 산'이었다고?   ○

세계에서 가장 높은 산이었다가 두 번째로 높은 산이 된 산. 에베레스트 산에 명성이 묻히긴 했지만 그럼에도 불구하고 두 번째로 높다는 것은 꽤 대단한 일이지 않은가? 그런데 이렇게 위대한 자연이 어떻게 그토록 자연스럽지 못하고 로봇 같은 이름을 갖게 된 것일까?

    K2는 중국과 파키스탄의 국경에 자리한다. 이 산 또한 이름 때문에 감사해야 할 영국 측량사가 있다. 이번에는 카라코람 산맥을 탐험하던 티지 몽고메리T.G. Montgomerie라는 이름의 남자

다. 산맥을 측량할 때 그는 숫자로 산에 이름을 붙였다. 그리고 산의 번호 앞에 K를 추가하여 자신이 카라코람 산맥에 있었다는 정보를 추가한 것이다. K2는 그가 두 번째로 기록한 산이었고, 오늘날까지 이 이름을 고수하고 있다.

하지만 에베레스트 산이 토착 지역에서 다르게 불리듯이 이 산 또한 여러 가지 다른 이름을 갖고있다. 중국에서는 "백의 여신"이라는 의미의 차오거리Qogir라 불리고, 파키스탄에서는 "높고 장엄한"이라는 뜻의 초고리Chogori로 통한다. 그리고 가장 잘 알려진 또 다른 이름은 "죽음의 산the Savage Mountain"이다. 이는 등반가들이 산을 넘는 중에 대규모의 사망자가 발생하면서 얻게 된 이름이다. K2 등정에 성공한 사람은 고작 300여 명밖에 되지 않는다. 이 숫자가 많아 보일 수도 있지만 에베레스트 정상에 오른 사람은 7,000명이 넘는다. 지금까지 K2는 70여 명의 목숨을 앗아갔고, 이는 전 세계에서 두 번째로 높은 사망자 수다. 그렇다면 이 산은 두 번째로 높고, 두 번째로 위험하며, 두 번째로 측량된 산이다. 불쌍한 K2는 만년 은메달만 거머쥔다.

K1, K3, K4, K5도 마찬가지지만 K2야말로 불명예를 떠안고 있다.

알아두면 쓸모 있는 **어원잡학사전**

✦ TAJ MAHAL

알고 보면 로맨틱한 이름 ○

타지마할 Taj Mahal은 2만 명의 사람 손으로 지었을 뿐 아니라 코끼리 천 마리의 도움을 받았다. 이 행성에서 가장 인상적이고 아름다운 건물 중 하나를 짓는 데 그 많은 사람 손(그리고 코끼리 코)이 동원된 것이다. 타지마할이 너무 아름다웠기 때문에 건물이 완공되었을 때 건축가들이 이보다 더 아름다운 것을 만들 수 없도록 하기 위해서 자신의 손을 잘랐다는 이야기까지 전해진다.

건물이 1653년 완공되었으니, 350년이 훌쩍 넘었다. 안타깝게도, 이번에는 명확한 어원이 없다. 하지만 이 궁전이 지금의 이름을 얻게 된 데에는 지금까지 몇 가지 견해와 신화가 전해진다. 그중 가장 일반적으로 전해지는 것이 무굴황제 샤 자한의 아내 중 한 명이었던 뭄타즈 마할 Mumtaz Mahal을 위한 무덤으로 만들어졌는데, 그녀는 열네 번째 아이를 출산하는 중에 사망하였다는 이야기다. 그녀는 샤 황제가 가장 좋아한 세 번째 아내였으며, 미모가 빼어나고 자신의 남편에게 헌신적이었다고 알려진다. 그녀의 죽음은 황제에게 극심한 충격이었다. 가슴이 무너진 그때, 황제에게는 제국이 있었으므로 사랑의 송가로서 아내를 위한 타지마할을 건축하였고, 지금까지도 그곳에는 그녀의 이름이 새겨져 있다. 이름 뒤에 감춰진 두 번째 이야기는 그렇게 로맨틱하지 않다(일부다처제이기도 했으니까). 명칭이 페르시아어에서 유래한다고도 여겨지는데. 'Taj'는 "왕좌" 'Mahal'은 "장소"를 뜻한다는 점에서 타지마할은 "왕좌의 자리"라는 뜻이다. 이미 말했듯이 재미라고는 찾아볼 수 없는 이름이다.

건물이 완공된 후 건축가들의 손을 절단했다는 이야기로 얼른 돌아가 보자. 여기에서 흥미로운 점은 러시아에도 비슷한 이야기가 있다는 건축물이다. 러시아의 폭군 이반Ivan the Terrible은 성 바실리 성당을 지은 후 이보다 더 아름다운 것을 만들지 못하도록 건축가들을 맹인으로 만들어 버렸다는 전설이 있다. 이것이 이름과 관련한 이야기는 아니지만 여러분들 중 혹시 건축가라는 직업을 고려해 본 사람이 있을까봐 그냥 말해주는 거다. 건축가의 봉급과 연금은 분명히 좋을 테지만 혹시 모르니 신체 일부를 잃게 될 가능성도 한번 고려해 보라고.

알아두면 쓸모 있는 **어원잡학사전**

🌿 ULURU/AYERS ROCK

바다 위 치솟은 섬 모양의 바위   ○

내가 어렸을 때는 이 거대한 모래 바위층을 '에어즈락Ayers Rock' 이라고만 불렀다. 하지만 지금은 호주의 중앙에 있는 이 거대암을 공식적으로 '에어즈락', 그리고 토착지명 '울룰루Uluru'라 부른다. 이 두 개의 이름을 살펴보자.

'울룰루'는 이 바위의 본래 명칭으로서 울룰루가 있는 지역에 살던 원주민이 붙인 이름이다. 바다 위로 바위가 치솟은 모습이 섬과 같다 하여 "섬산"을 뜻하는 것으로 알려져 있다. '에어즈락'이라는 명칭은 조사관인 윌리엄 고세William Gosse가 "발견"했던 1873년에 붙인 이름인데, 자신의 이름을 딴 것은 아니라는 점을 알 수 있을 것이다. 그는 당시 사우스오스트레일리아South Australia의 총독이었던 헨리 에어즈Henry Ayers의 이름을 따서 이 바위에 이름을 붙였다.

이 이름은 100년이 넘도록 이 단일암과 함께했다. 하지만 1993년 호주 정부는 '에어즈락/울룰루'라는 두 개의 공식 명칭을 지정하기로 했다. 이는 울룰루가 원주민에게 매우 중요한 곳이어서 그들의 명칭이 존중 받아 마땅하기 때문이었다. 그런데

2002년 이름이 또 다시 바뀌었다. 이번에는 '울룰루/에어즈락'
이 되었다. 이름의 순서만을 바꾼 것이기 때문에 큰 변화처럼
보이지 않을 수도 있지만, 이는 호주의 원주민들에게 더 큰 목
소리를 부여하기 위한 또 다른 발걸음이었다. 언젠가는 이 단일
암이 공식적으로 울룰루라고만 불릴 날이 올 것이다.

🦫 MACHU PICCHU

어르신급의 봉우리 ○

안데스 산맥을 따라 있는 페루의 산 정상에서 우리는 잉카의 잃
어버린 도시 마추픽추Machu Picchu를 만나게 된다. 1450년쯤 건
설되어 잉카 사회의 엘리트 층과 귀족들을 위한 피서지로 조성
된 곳이다. 굳이 비교하자면 과거판 샌달스 리조트Sandals Resort*
라고도 말할 수 있겠다. 이 요새는 안데스 산맥의 산 중턱에 놀
랄 만큼 견고하게 지어졌기 때문에 시야에서 놀랄 만큼 잘 숨을
수 있다. 누군가 발견한다 해도, 입구가 하나밖에 없으므로 기습

• 커플을 위한 바하마의 최고급 리조트중 하나

알아두면 쓸모 있는 **어원잡학사전**

가능성을 원천 차단한다.

100년간 이곳에 3세대의 잉카인이 살았다고 알려졌지만 스페인의 아메리카 정복 시기 즈음에 빠르게 버려졌다. 이유는 명확하지 않다. 버려진 상태로 있던 이곳은 1911년 7월 24일 하이럼 빙엄 3세Hiram Bingham III에 의해 "발견"되었다. 이 책에 실린 다른 "발견"들과는 달리 그는 이 장소에 영어 이름을 붙이지 않았다. 마추픽추Machu Picchu라는 이름을 처음 들었을 때 전자 마우스를 떠올릴 수 있지만, 사실 이 이름은 케추아어**에서 유래했다. 'Machu'는 "늙은"을, 'Picchu'는 "봉우리"를 뜻한다. 이를 합하면 "늙은 봉우리"라는 의미가 된다.

❦ GREAT PYRAMID OF GIZA

밀가루 케이크를 떠올리며 만든 이름   ○

피라미드pyramid라고 했을 때 가장 흔히 떠오르는 생각은 이집트에 있는 피라미드이지만 사실 피라미드는 전 세계 곳곳에 흩

** 남아메리카 토착민들의 언어

어져 있다. 남아메리카에는 아즈텍Aztec과 마야Mayan에 피라미드가 존재하고, 로마에는 제사장이었던 세스티우스Gaius Cestius Epulo의 무덤으로 기원전 12세기에 건설된 피라미드가 있으며, 심지어 프랑스에도 존재한다. 물론 프랑스의 피라미드는 1989년 유리로 제작한 것이기 때문에 그것은 빼고 말하겠다. 내가 이야기하고자 하는 이집트의 피라미드는 당연히 기자Giza에 있는 대피라미드이고, 이는 무려 기원전 2580~2560년에 지어졌다고 알려져 있다.

기자의 피라미드가 파라오 쿠푸Khufu의 무덤으로 알려져 있듯이 이집트의 피라미드는 중요한 인물을 위한 무덤으로 만들어졌다. 이집트인들이 글 쓰는 방식은 우리와 달랐는데, 그들은 그 유명한 상형문자를 활용했다. 지금까지도 우리는 상형문자의 의미를 완벽히 이해하지 못하고 있고, 그에 관한 지식도 파편적이다. 이집트어에는 모음을 표현하는 문자가 없다고 생각하는 사람도 있고, 있다고 생각하는 사람도 있다. 그러므로 이름의 정확한 발음 방법은 추측에 의존할 수밖에 없다.

고대 이집트에서 '피라미드pyramid'라는 단어에 쓰인 상형문자는 'MR'이었다. 이는 메르Mer라 발음된다고 알려져 있다. 피라미드는 파라오가 죽어서 삶의 다음 단계로 올라가는 곳이기

알아두면 쓸모 있는 **어원잡학사전**

때문에 메르Mer라는 이름은 "승천의 장소"를 뜻한다. 피라미드 pyramid라는 단어 자체는 그리스어에서 온 것으로 알려져 있다. 그리스 단어 "중심에 있는 불"을 뜻하는 피라미도스pyramidos 또는 꼭대기가 솟아 있는 밀가루 케이크라는 뜻의 그리스어 피라미스pyramis에서 왔다고 한다. 피라미드의 구조는 그리스인들에게 케이크를 생각나게 했기 때문이다. 기자의 대피라미드만큼 오래된 이 이름에 대해 우리는 그 어원을 추측할 수밖에 없다.

하지만 우리는 당시 이집트인들이 그것을 기자의 대피라미드라고 부르지 않았다는 것을 알고 있다. 이는 고대 이집트 세계가 사라지고 나서야 붙은 이름이다. 현재 그렇게 부르는 이유는 그저 대피라미드가 기자 지구에 있는 피라미드 중 가장 오래되고, 높고, 훌륭하고 크기 때문이다. 기자는 피라미드가 만들어진 지 수천 년이 지난 기원후 642년에 세워졌다. 이 도시의 이름은 "높은 곳 너머"라는 뜻의 아랍어 에르 게스 헤르er-ges-her에서 유래했고, 이는 도시 근처에 있는 피라미드를 지칭하는 것이다.

고대 이집트인들은 이곳을 "쿠푸의 지평선"을 뜻하는 아케트 쿠푸Akhet Khufu라 불렀을 것으로 추측된다. 그 이유는 파라오 쿠푸가 지평선에 닿고자 안치된 곳이 바로 그곳이었기 때문이다.

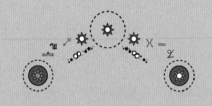

04

동물

ANIMALS

지구상에는 놀라운 동물들이 매우 많다. 정원을 기어다니는 작은 벌레, 하늘을 가로지르는 새들, 대양을 횡단하는 어류와 갖가지 바다 생물들. 이 땅이 우리에게 주는 생명의 다양함은 실로 어마어마하다. 내가 들여다보고 싶은 동물의 이름도 이 세상에 참 많다. 이제 이 책을 지구 생명체의 세계를 향해 가고 서기를 반복하는 어원 사파리라고 생각하자. 그런데 이번 편은 조금 다른 게 있다. 러시아 인형처럼 이 챕터 안에 하위 챕터가 다루어질 것이다. 조금 다르게 표현하자면 캥거루 주머니 안에 있는 아기 캥거루와 같다. 이 비유가 더 맞아떨어지는 듯하다.

동물의 왕국에서 우리 포유류들과 그 외 동물을 분리할 수 있는 것은 매우 많다. 풍부한 털, 복잡한 뇌, 그리고 땀까지! 하지만 '포유류mammal'라는 이름을 얻게 한 일등 공신은 바로 모유다. 포유류는 이 지구상에서 새끼에게 먹일 우유를 생산하는 유일한 동물 종이고, 그래서 우유를 생산하는 유선(乳腺)mammary gland에서 이름을 따서 불리게 되었다. 'mammary(유방의)'라는 단어는 아이가 엄마를 부를 때 쓰는 'mamma'에서 나온 것으로 보인다.

GORILLA

고릴라는 소녀였다? ○

고릴라gorilla는 최대 유인원이다. 그들은 우리 인간과 DNA의 98%를 공유하며, 통을 집어던지거나 유명하고 높은 어떤 건물을 타고 올라가는 데 매우 능하다. 이 몸집 크고 온순한 동물의 어원은 털이 많은 여전사 부족이 발견되었던 기원전 6세기로 거슬러 올라간다. 카르타고(현재 튀니지의 과거 지명)의 항해자 한노Hanno가 선단을 이끌고 아프리카 서해안으로 향했다.

아프리카 항해 중 그는 털이 많고 공격적인 생명체 부족을 만났고 통역사는 이를 "고릴라이gorillai"라고 불렀다고 기록되어 있다. 하지만 우리는 이 통역사가 어떤 언어를 썼는지 모르기 때문에 이 단어의 기원은 여전히 미스터리다. '고릴라이'는 "털이 많은 여성 부족" 혹은 그저 "긴 머리의 흑인 여성"을 의미한다고 알려져 있는데, 그렇다면 gorilla와 girl의 발음이 애매하게 유사하다는 점을 이야기할 수도 있을 것 같지만 이건 어디까지나 내 생각일 뿐이다.

한노가 우연히 마주친 것이 여성 부족이었는지, 진짜 고릴라였는지, 그것도 아니면 다른 무언가였는지 우리가 알 길이 전혀 없다. 하지만 1800년대 동식물 연구자 토마스 S. 새비지Thomas S. Savage는 이 이야기에서 영감을 얻어 이 종에 대한 최초의 과학적 명칭을 기록했다.

PANGOLIN

굴러 굴러 천산갑!　　　　　　　　　　　　　　　○

판골린pangolin(천산갑)은 작고 이상한 동물이다. 아르마딜로, 갑옷 한 벌, 농구공 한 개를 다 섞었다고 생각해보면 아마도 여러분 머릿속에 그와 비슷한 무언가가 그려질 것이다. 천산갑은 아프리카 전역과 심지어 아시아에서도 발견되는데, 이 동물의 이름은 아시아에서 시작되었다. 바로 말레이어다. 이 동물은 자신을 보호하기 위해 공처럼 몸을 말고 비늘을 사용한다(비늘! 제대로 읽은 것이 맞다. 이들은 비늘이 있음에도 포유류가 맞다). 이 이름은 "롤러roller"라는 뜻의 말레이어 '펭-골링peng-goling'에서 유래했는데 'peng'은 단순히 말레이어의 접두사이고, 'goling'은 "구르다"라는 의미이다.

　영어 이름 'pangolin'은 더 크고 위풍당당한 이미지가 그려진다(물론 그들이 위풍당당하지만). 그렇기 때문에 말레이 이름이 이들에게 더 잘 들어맞고 사랑스럽다. 펭골링peng-goling이 롤링rolling 한다니!

　　　　　　　　알아두면 쓸모 있는 **어원잡학사전**

✹ HIPPOPOTAMUS

강물 안에 사는 말 ○

물속을 우아하게 유영하면서 물 밑으로 다이빙까지 하는 히포포타무스hippopotamus(하마)를 보면서 잠시 시간을 갖고 "어떻게 저게 가능하지?"라는 질문을 스스로 해본 적이 있는가? 우리는 이 동물이 물속을 수영하는 모습에 너무 익숙해서 이 둥글둥글한 짐승이 싱크로나이즈 선수처럼 움직이고 있는데도 별 감흥이 없는 것 같다.

하마와 닮은 포유류는 많다. 소, 돼지, 심지어 코뿔소도 있다. 이 동물들은 땅딸막하고, 튼튼한 사지 포유류이다. 하마(河馬)가 절대 닮지 않은 동물이라면 바로 말(馬)이다. 말은 훨씬 긴 다리를 가진 날씬한 동물이기 때문에 말의 이름을 따서 하마라는 이름을 짓는다는 것은 터무니없는 일이겠지만, 글쎄, 그렇게 되었다!

'히포포타무스'라는 이름은 고대 그리스인들에게서 나온 것이다. 그들이 지은 동물 이름이 하도 많아서 앞으로도 몇 번 더 언급할 것이다. 히포포타무스hippopotamus는 말을 뜻하는 그리스어 히포hippos와 강을 뜻하는 포타모스potamos를 결합하여 만들어진 이름이다. 그러니깐 그리스인들에게 히포포타무스는 '강말(河馬)'이 되는 것이다.

✎ LEMUR

알고 보면 무시무시한 이름   ○

리머lemur(여우원숭이)! 이 조그만 친구들은 무서움과는 거리가 멀다. 알락꼬리여우원숭이ring-tailed lemur는 서로 매우 다정하므로 웅크려 모여 "리머볼lemur ball"이라 부르는 떼 짓기를 즐긴다. 아마도 이 책에서 보게 될 내용 중 이것이 가장 귀여울 것이다. 하지만 이들의 어원은 다소 끔찍한 기원이 있다.

이 영장류의 이름은 스웨덴 동물학자 칼 리나에우스Carl Linnaeus가 지었다. 야행성, 인간과 비슷한 형태, 느린 움직임, 흑백 털, 유달리 큰 눈 때문에 그들의 이름은 로마 신화 속 혼령 '레무레스lemures'에서 유래했다. 이들은 흉측한 인간의 형태를 하고는 밤에 나타나 살아 있는 생명체를 괴롭히고 피해를 준다. '레무레스'는 심지어 유명한 롤 플레잉 게임 〈던전 앤 드래곤Dungeons&Dragons〉에도 등장하는 이름이다. 내가 게임을 많이 안 해봐서인지 모르지만 리머는 게임에 아직 등장한 적이 없다.

무서운 구석이라고는 없는 리머lemur에게 '레무레스lemures' 라는 혼령에서 따온 무시무시한 이름을 붙인 것이 이해되지 않을 수 있지만, 이 원숭이를 무섭지 않다고 생각하는 이유가 어쩌면 이중 가장 유명한 '알락꼬리여우원숭이ring-tailed lemur'만 떠올려서 일 수 있다. 아이아이원숭이aye-aye lemur는 조금 무섭게 생겼다. 이들의 튀어나온 눈, 날카로운 이, 특이할 만큼 긴 중지 때문에 밤에 마주치면 귀신을 봤다고 생각할 수 있을 정도다.

✅ SPERM WHALE

글쎄, 이 이름은 오해입니다　　　　　　　　　　　　　　○

고래와 돌고래가 어류와 닮았고, 어류처럼 물속에 살긴 하지만 이들은 엄연히 포유류이다. 수심 3,000피트 이상인 곳에 살고 90분 넘게 숨을 참을 수 있는 이 생명체가 어류보다 집에서 기르는 개와 더 공통점이 많다는 것을 생각하면, 우리가 사는 이 세상은 실로 경이롭다. 우리의 해양을 신성하게 하는 다양한 종의 고래가 있다. 거대한 대왕고래Blue whale부터 억울한 이름의 범고래Killer whale까지 다양하다(orca라고도 하는데, 이 이름이 훨씬 낫다). 하지만 다 자라지 못한 내 안의 초딩은 우리가 스펌웨일 sperm whale•의 이름을 살펴봐야 한다고 고집한다.

이 고래가 다른 고래 과(科)와 가장 다른 것은 거대한 사각형 머리이다. 이 거대한 네모 형태의 머릿속에 그들 특유의 장기가 있긴 하지만 다른 해양 포유류도 이와 비슷한 장기가 있다. 이 장기는 그들의 반향 위치 측정과 부력을 돕는 데 사용되는 것으로 알려졌다.

고래잡이가 성행했던 19세기에(안타깝게도 지금은 더 성행한다) 선원들이 이 거대한 생명체를 작살로 잡았을 때 고래에서 밀랍과 비슷한 흰색 액체가 흘러나오는 것을 발견했다. 이 액체는 앞서 말한 분비샘에서 생성되었다. 하지만 선원들은 이것이 고래의 정액이라 생각하여 이 액체를 말 그대로 정액을 의미하는 스퍼마세티spermaceti라 불렀다. 이 액체가 글쎄… 말 안 해도 알 것 같은 그곳에서 나오는 게 아니라 고래의 머리 분비샘에서 나

• 'sperm'은 정액을 의미한다.

온다는 것을 깨닫고 나서도 그들은 이 장기를 스퍼마세티 장기라 불렀다. 이제는 이것이 정액이 아니라는 사실도 알고, 수컷과 암컷 모두 경뇌유를 생산해낸다는 것을 알지만 여전히 스펌웨일이라고 부른다. 그리고 'whale'은 명확한 어원이 없다. 그저 고대 영어 단어인 'hwæl'로 거슬러 올라간다고 알려져 있을 뿐이다.

BOBCAT

꼬리 잘린 고양이   ○

누군가가 나에게 와서 자신에게 밥캣bobcat이 있다고 말한다면 나는 그들이 애칭으로 '밥캣Bobcat'이라 부르는 로버트Robert나 밥Bob●이라는 이름의 애완동물을 키운다 생각할 것이다. 그리고 그들의 소중한 "밥캣"을 쓰다듬는 순간 내 피부에 깊숙이 들어오는 그의 발톱에 분명 놀랄 것이다. 이 동물은 다소 우스꽝스러운 이름을 가진 매우 사나운 고양이다.

●● Bob, 로버트의 애칭으로 쓰이는 이름

밥캣이 어떻게 그 이름을 갖게 됐는지를 생각할 때 여러분도 나와 비슷한 결론에 도달했을 것이다. 즉 밥Bob이라 부르는 누군가의 이름을 딴 것이라 생각했을 테지만, 그렇지 않다. 사실 밥캣의 "밥"은 'bob된bobbed 고양이'라는 뜻이기 때문에 명사보다는 형용사에 더 가깝다.

'bob'은 무언가를 짧게 만들거나 무언가를 빠르게 하는 것을 뜻하는 용어이다. 예를 들어 '머리카락을 짧게 자른다(getting your hair cut into a short bob)'든지 '고무 오리가 욕조에서 위아래로 급히 왔다 갔다 한다(a rubber duck bobs up and down in the bath)'고 말할 때 쓸 수 있는 표현이다. F. 스콧 피츠제럴드의 단편 〈버니스, 단발머리로 자르다Bernice Bobs Her Hair〉에서도 볼 수 있다. 그렇다면 밥캣bobcat은 무엇이 bob된 것일까? 그들이 가축화되지 않은 고양잇과 동물 중 아주 작은 종이긴 하지만 특히 밥캣의 꼬리는 다른 고양이과 동물보다 훨씬 짧다. 바로 그들의 "잘린bobbed" 꼬리가 그들에게 밥캣bobcat이라는 타이틀을 안겨주었다.

알아두면 쓸모 있는 **어원잡학사전**

⚘ GIRAFFE

낙타와 표범을 합친 동물이 있을까?   ○

기린giraffe이 어떤 동물들을 합친 것일까 하는 질문에 답이 될 수 있는 동물은 매우 많다. 말과 같은 몸에 플라밍고 같은 목을 가진 생명체 같아 보이기도 한다. 심지어 알파카와 비슷한 몸과 목에, 파충류의 비늘과 거의 흡사해 보이는 색깔과 털 모양을 갖고 있다. 14세기 영국인들 사이에서 기린이 처음 등장한 것은 당시 아프리카 서식지에서 기린을 보았던 사람들의 이야기를 통해서였다. 그때는 기린이 다른 두 가지 동물을 합친 것으로 묘사되었다.

19세기 후반까지 영국인들은 기린을 "카멜레오파드camelo-pards"라 불렀다. 그렇다. 이 말은 낙타camel와 표범leopard의 합성어이다. 그리고 제대로 보았다. 묻기 전에 먼저 말하자면 우리가 더는 이 이름을 사용하지 않는다는 사실에 나는 몹시 화가 난다! 아프리카에서 영국으로 돌아간 사람들이 기린을 그렇게 묘사하면서 이 이름을 갖게 된 것이다. 그들은 기린이 낙타의 몸과 목에 표범의 점이 있는 동물이라 설명했다. 결국 많은 사람이 각기 다른 정확성으로 자신들이 생각한 온갖 희한한 종류의 기린을 상상하고 그리게 되었다.

'지라프giraffe'라는 영어식 명칭의 유래는 그 기원이 명확하지 않은 아랍식 이름 자라파zarāfa로 거슬러 올라간다. 내가 발견한 한 가지 이론은 이것이 페르시아어 주르나파zurnāpā에서 나왔다는 것이다. 중동에서 연주하는 플루트의 한 종류인 주르나zurnā와 다리를 뜻하는 페르시아어 파pā가 합쳐진 것인데, 기린의 길고 멀쑥한 다리를 봤을 때 기린의 이름이 "플루트 다리"와 비슷한 무언가일 수 있다. 나는 이것이 충분히 말이 된다고 생각한다.

'카멜레오파드camelopards'라는 이름은 거의 '지라프giraffe'로 대체되었지만, 그것은 여전히 우리의 밤하늘 별자리에 남아있다. 기린과 비슷하게 생긴 별자리를 '카멜로파르달리스camelopardalis(기린자리)'라 부른다.

🐾 BANDICOOT

게임 속 주인공의 비밀 ○

반디쿠트bandicoot는 〈크래쉬 밴디쿳Crash Bandicoot*〉이라는 게

---

* 〈크래쉬 밴디쿳Crash Bandicoot〉이라는 플랫폼 비디오 게임 시리즈로서, 호주 남부에 위치한 움파 제도를 주요 배경으로 한다.

임 덕분에 전 세계적으로 유명해진 동물이다. 게임 속 반디쿠트는 과일을 좋아하고 상자를 부수고 보석을 수집하는 캐릭터다. 게임 속 이들은 밝은 오렌지색이고 뒷다리로 서 있지만, 일반적인 반디쿠트는 네 다리를 활용해 종종걸음으로 달리며, 다 자라도 30인치(약 76cm) 정도밖에 되지 않는다. 그리고 밝은 오렌지라기보다는 모래빛 갈색에 가깝다.

반디쿠트는 호주에 서식하지만 인도에서 발견되는 쥐의 한 종에서 이름을 따왔다. 바로 반디코타bandicota라는 쥐이다. 이 이름은 "돼지 쥐pig-rat"이라는 뜻의 텔루구어 판디-콕쿠pandi-kokku에서 유래한 것으로 추정된다. 그 이유는 이 쥐의 모습이 일반적인 쥐보다 돼지에 조금 더 가깝기 때문이다. 후에 탐험가가 호주의 반디쿠트bandicoot를 발견했을 때 그들은 인도에서 많이 보았던 쥐 '반디코타bandicota'를 떠올렸다. 그래서 그 인도 쥐의 이름을 따서 이 유대목 동물의 이름을 붙이게 되었다.

내가 언급하지 않을 수 없는 한 가지가 있다. 훗날 멸종한 반디쿠트의 유해가 호주에서 발견된다면 속(屬)은 크래쉬Crash, 종(種)은 물론 밴디쿳Bandicoot일 것이다. 그렇다. 옛날 옛적 크래쉬 밴디쿳Crash Bandicoot이라 불리는 생명체가 우리의 행성에 있었나니.

✨ GIANT PANDA

얼마나 크길래 자이언트야?　　　　　　　　　　　　　○

이 지구에는 훨씬 작은 몸으로 나무에서 자는 레서 판다lesser panda도 있지만 여기에서는 흑백의 사랑스러운 몸을 갖고 있고, 대나무를 씹어먹는 자이언트 판다giant panda의 이름을 살펴볼 것이다. 사실 "판다panda"라는 이름은 레서 판다lesser panda에 대한 참조문헌에서 처음 사용되었다. 1825년 프랑스 동물학자 프레데릭 쿠비에르Frédéric Cuvier의 기록에 등장하였다. 그가 레서 판다를 라틴어로는 아일루러스 풀겐스Ailurus Fulgens', 일반명칭으로는 '판다'라 칭했다는 것은 알려졌지만 그 이름을 정확히 어디서 가져왔는지는 알지 못한다.

하지만 이름의 유래에 관련한 한 가지 추측은 발 볼을 뜻하는 네팔어 포냐pónya의 파생어라는 것이다. 판다의 앞발 볼에는 대나무 먹는 행위를 도와주는 변형된 완골이 있다. 앞서 말했듯이, '판다'라고 불렸던 첫 번째는 레서 판다lesser panda다. 그나저나 내가 지금 '판다'를 몇 번이나 말하고 있는지 모르겠다.

1869년 또 한 명의 프랑스인 아르망 다비드Armand David가 이 거대한 흑백 곰을 처음 발견했다. 아르망이 중국 숲을 탐험

　　　　　　　　알아두면 쓸모 있는 **어원잡학사전**

하고 있을 때 그는 사냥꾼들을 우연히 만나서 그들로부터 파리로 가져갈 동물의 죽은 표본을 샀다. 파리에서는 이를 "고양이 발, 흑백"이라는 뜻의 라틴어 아일루로포다 멜라노루카 Ailuropoda melanoleuca라 불렀다.

대나무를 사랑하는 이 둥글둥글한 곰과 레서 판다가 서로 관련이 있다는 점은 즉시 알려지지 않았다. 그래서 그전에는 곰 특유의 털 색깔에 기반하여 "모틀드 베어mottled bear"와 "파티컬러드 베어parti-coloured bear"등으로 불렸다. 'mottled'란 점이나 얼룩표시가 있다는 뜻이고, 'parti-colored'란 두 개 이상의 색으로 이루어졌다는 의미이다. 솔직히 말해 자이언트 판다는 큰 고양이 같은 곰이기 때문에 중국에서는 이들을 "큰곰 고양이"를 의미하는 '슝마오(熊猫)'라 부른다. 이들을 더욱 고양이처럼 보이게 하는 특징 중 하나가 바로 눈동자인데 인간이나 다른 곰들의 둥근 눈동자와는 달리 고양이의 갈라진 틈과 같은 눈동자를 갖고 있기 때문이다.

모틀드 베어가 레서 판다와 관련있다는 점이 밝혀지자 'mottled bear'라는 이름을 바꾸어야 했고, 비교적 몸집이 훨씬 작은 레서 판다보다 매우 거대한 이 흑백 곰은 결국 자이언트 판다giant panda가 되었다.

✦ HUMAN

땅에서 시작되었다 ○

인간human이 이 행성을 지배하고 있다고 생각할 테지만 사실 우리는 동물왕국의 일부일 뿐이다. 동물왕국의 다른 종과 우리를 분리하는 매우 다양한 것들이 있다. 이를테면 훨씬 더 복잡한 뇌, 정착지와 문명, 우리의 발명들이다. 피할 수 없는 죽음을 인지하고 깨달았을 때, 그리고 자신의 삶에서 충분한 성취를 이루어내지 못했다는 점과 가족이나 친구보다 일과 돈을 중시했다는 사실을 깨달았을 때 두려움과 걱정으로 가득 차는 유일한 동물이 인간이라는 것을 알고 있는가?

'human'이라는 단어는 시간이 가면서 진화한 단어들 중 하나이다. 우리 인간이 실제로 그러했던 것처럼. 초기 어원은 최초 이태리어 'γomos'와 인도 유럽 조어인 'dégom'에서 나왔다고 알려져 있다. 두 단어 모두 '흙/땅/지상'과 같은 계열의 의미이다. 이 두 단어가 라틴어 후무스humus로 발전하였고, 이후 고대 프랑스어 후마누스humanus, 그리고 후메인humaine으로 변했다. 바로 거기서 인간을 뜻하는 영단어 'human'이 생겨났다. 'human'이라는 단어가 '땅'을 뜻하는 고대 단어에 뿌리를 둔다

알아두면 쓸모 있는 **어원잡학사전**

는 점이 흥미롭다. 아주 많은 신화 속에 인간이 등장하는데, 그 'human'이라는 말이 아메리카 원주민 아리카라족의 신화에서 '대자연의 자궁'이라 일컫는 그 '땅'에서 나온 것이라니. 심지어 프로메테우스가 땅에서 찰흙과 진흙을 떼 인간의 형상을 만들었던 그리스 신화의 인간 창조에서도 이를 엿볼 수 있다.

우리의 라틴어 명칭은 "사람"을 뜻하는 라틴어homo가 붙어 호모 사피엔스Homo Sapiens가 되었다. 현재 우리가 이 행성에 살고 있지만, 이곳에 거주하는 유일한 'homo'는 아니다. 우리처럼 직립하는 최초의 인간으로 알려져서 '똑바로 선 사람'이라는 의미의 호모 에렉투스Homo Erectus가 있었고, 도구를 잘 다루어 "손재주가 있는 사람"이라는 뜻의 호모 하빌리스Homo Habilis도 있었다. 그러나 우리 또한 손재주가 좋고 똑바로 서 있지 않은가. 그렇다면 사피엔스Sapiens는 무슨 의미일까?

호모 사피엔스는 여우원숭이lemur의 이름을 지었던 그 남자, 칼 리나에우스Carl Linnaeus가 우리에게 붙인 이름이다. 이로써 인간은 자신을 스스로 명명하는 유일한 종이 되었다. 훨씬 더 정교하고 복잡한 뇌가 우리와 이전의 인간들을 분리하는 핵심적인 특징이었기 때문에 '현명한'을 뜻하는 단어인 사피엔트sapient에서 사피엔스가 나왔다.

새bird는 실로 놀라운 생명체이다. 그들은 바다, 숲, 정글, 사막에서도 생존할 수 있고 여타 다른 동물들과는 달리 조류는 우리 인간이 만든 도심과 마을에서도 편안히 지낸다. 주변의 환경 속으로 숨는 데 도움이 되는 회색, 갈색, 흰색을 띨 수도 있고, 아름다운 패턴과 다채로운 색을 지닐 수도 있다. 이들은 매우 흥미로운 동물이지만 이름의 기원은 그렇지 않다. 지금과 다를 것 없는 "bird"라는 고대 영어에서 유래했다고 알려져 있다.

🪶 PIGEON

비둘기를 부르는 여러 이름들 ○

전 세계에서 비둘기pigeon가 안 보이는 곳은 거의 없다. 너무 쉽게 보여서 해충으로 간주하거나 훨씬 심하게 말하면 "날아다니는 쥐"라고도 불린다. 이 현상은 이 새들의 적응력이 얼마나 뛰어난 지를 제대로 보여주는 것일 뿐이다. 이들은 사실 몇 가지 이름으로 불린다. 라틴어 명칭인 콜럼바columba에서 기원한 "콜럼비대colulmbidae"에 속하는 조류의 일종으로 도브dove라고도 한다.

비둘기pigeon의 또 다른 이름은 락도브rock dove이다. 그들이 야생에 살며 도시 거리에서 쓰레기 처리나 하지 않았던 때는 'pigeon'보다는 'dove'를 더 많이 떠올렸다. "rock(바위)" dove라 불리는 이유는 야생에서 절벽 면과 바위의 튀어나온 곳에 집을 짓는 습성 때문이다. 'dove'는 알고 나면 뼈 때릴 만큼 흥미로운 기원이 있다. 이 이름은 그들이 나는 방식을 뜻하는 "dive(뛰어들다)"에서 나왔다고 알려진다. 이에 따르면 'dove가 하늘로 dive했다(the dove dived into the sky)'라는 말장난도 해볼 수 있다. 하지만 비둘기를 일컫는 가장 일반적인 단어는 'pigeon'이고, 이 이름은 "어리고 쩍쩍거리는 새"를 의미하는 라틴어 피피오넴pipionem에서 유래했다고 한다.

🕊 BALD EAGLE

진짜 대머리가 아니었네　　　　　　　　　　　　　　　○

미국의 아이콘! 이 맹금류는 미국을 대표하는 물건에 인쇄되어 미국 전역에서 볼 수 있다. 이들은 위협적이지만 이름은 그리 무섭지 않다. 그리고 대머리라 부르지만 사실 대머리가 아니다. 정확히 말하면 우리 인간이 생각하는 그 대머리는 아니다. 대머리독수리bald eagle의 bald(대머리)는 "흑백으로 얼룩진"이라는 의미의 'piebald'라는 단어에서 나온 것으로 알려진다. 대머리독수리의 머리와 꼬리를 이루는 순백색의 깃털을 의미하는 것이다.

그러나 이글이라는 단어의 유래는 라틴어로 거슬러 올라간다. 당시 다른 새들은 더 밝은색을 띠고 있었기 때문에 "어두운 색깔의 새"라는 뜻의 라틴어 아퀼라aquila로 불리었다. 또한 이글은 자신의 이름을 다른 곳에도 빌려줬다. 골프에서 이글은 2언더파under par를 뜻한다. 버디birdie는 1언더파기 때문에 이글이 버디보다 더 좋은 것이다. "독수리 눈eagle-eyed을 하고" 무언가를 본다는 것은 관찰력이 있고 사물을 재빨리 인식한다는 의미로 독수리의 훌륭한 시력을 빗댄 말이고 "펼친 독수리spread eagle"라는 말은 팔다리를 쭉쭉 뻗어 늘리는 것을 의미한다.

PUFFIN

모든 것이 사랑스러운 이름   ○

퍼핀puffin(바다오리)은 작고 귀여운 부리와 그보다 더 귀여운 이름을 가진 작고 귀여운 바닷새이다. 퍼핀이라니! 입으로 하는 행동*이나 소리처럼 들릴 수 있지만 퍼핀은 복어처럼 부풀어 오르는 모습의 퍼핑puffing을 의미한다. 복어처럼 몸을 부풀리지는 않지만 그래도 아주 귀여운 모습이다. 퍼핀의 'puffiness(부풀리기)'는 두 가지 유래 중 하나, 아니 어쩌면 두 곳 모두에서 나온 것이다.

퍼핀은 현재 "맹스 쉬어워터manx shearwater"라고 불리고 과거에는 "맹스 퍼핀manx puffin"이라 불렸던 새**라 알고 있는 새로 옮겨갔다. 그리고 이 이름에 관한 두 번째 속설은 바로 퍼핀이 정말 약간 부어 보인다(puffy)는 것이다! 특히 새끼일 때는 더욱더 그렇다. 부모가 생선을 사냥하기 위해 떠나고 없는 동안 체온을 유지해주는 솜깃털이 빽빽하게 새끼들의 온몸을 덮고 있

* puff는 많은 양의 연기나 숨을 내뿜는다는 의미가 있다.
** 대서양 동북부산의 소형 슴새를 말한다.

다. 내 말은 이 깃털 때문에 새들이 조금 부어 보인다(puffy)는 것이다.

퍼핀의 학명은 "북쪽의 어린 형제"라는 뜻의 라틴어인 프라테르쿨라 아크티카 fratercula arctica이다. 퍼핀의 흑백 깃털이 수사의 수도복과 매우 비슷해 보이기 때문에 여기에서 "어린 형제"는 "어린 수사"를 말한다. 어떻게 그들은 학명도 이토록 사랑스럽단 말인가.

🦋 FLAMINGO

나만 플라멩코랑 헷갈렸던 게 아니었어!   ○

플라밍고flamingo(홍학)는 우리의 동물왕국에서 밝은 분홍색을 자랑하는 몇 안 되는 동물 중 하나이다. 물론 그들이 자연적으로 분홍색을 띠는 것은 아니다. 태어날 때는 회색 깃털이지만 섭취하는 새우로 인해 시간이 갈수록 분홍색이 된다. 만약 플라밍고가 분홍색이 아니더라도 그들의 껑충하고 어색한 듯한 몸과 구부러진 부리는 다른 조류 중에 이들을 단연 돋보이게 할 것이다.

하지만 '플라밍고'라는 지금의 이름이 색깔과 매우 밀접한 관련이 있다는 점에서 이 새가 만약 분홍색이 아니라면 이름 또한 달라졌을 것이다. 이 새는 남아메리카를 포함한 세계의 많은 곳에서 서식한다. 그리고 우리는 진정한 의미에서 스페인 사람들이 남아메리카를 탐험한 첫 번째 유럽인이라는 사실을 알고 있다. 그러니 이 이름이 스페인어에 기원한다는 것은 놀랄 일이 아니다. 플라밍고는 맹렬한 스페인음악과 춤을 뜻하는 스페인어 플라멩코flamenco에서 왔다. 플라멩코 춤을 본 적이 있는 사람이라면 무용수의 전통복장이 밝은 빨간색이라는 것을 알 것이다. 남아메리카 스페인 탐험대가 이 밝은 분홍색 새를 봤을 때 무용수들의 붉은 드레스를 생각했고, 그렇게 플라밍고의 이름이 붙여졌다.

플라멩코 춤의 실제 이름은 "flame(불꽃)"을 뜻하는 라틴어 플라마flamma에서 온 것이라 알려져 있다. 여기서도 무용수의 옷과 새의 깃털을 연결할 수 있다.

✔ TURKEY

오스만 제국에서 온 새 ○

축제 기간 수백만 마리의 터키turkey(칠면조)가 식탁 위에 오르긴 하지만 터키는 동일한 이름의 국가가 있는 유일한 새라는 위상을 갖고 있다. 현재 우리가 이 새를 터키라 부르기 전에, 지금은 뿔닭guinea fowl이라 부르는 새를 터키라 불렀다. 아프리카 토착종인 이 뿔닭은 오스만 제국 시대에 무역상을 통해 유럽으로 들어왔다. 오스만 제국이 터키Turkey 제국이었기 때문에 이 새는 그들을 유럽으로 데려온 터키 무역상들을 떠올리게 했다. 그리하여 수컷 뿔닭은 '터키 수탉', 암컷 뿔닭은 '터키 암탉'으로 알려지다 나중에는 터키만 남게 되었다.

하지만 이들은 아프리카에서 온 뿔닭이지 오늘날 우리의 저녁 식사 접시에 올라온 그 터키가 아니다. 현대의 터키는 미국과 멕시코 일부 지역에서 와서 스페인 사람에 의해 유럽으로 옮겨졌다. 신세계에서 온 이 새는 'guinea fowl 터키(뿔닭)'와 모양과 맛이 흡사했다. 그래서 이 새 또한 터키라 불리게 되었다.

이 책의 '국가' 챕터에서 터키Turkey를 다루지 않았으니 여기서 한번 이야기해보자. 완전히 명확하지는 않지만 터키라는 이

알아두면 쓸모 있는 **어원잡학사전**

름은 "투르크인들의 땅"이라는 의미이다. 여기서 투르크는 비잔틴 그리스어 "Tourkos"에서 유래했다고 하는데, 이 또한 여전히 미스터리로 남아 있다.

✒ VULTURE

솔개는 진짜로 뜯고 찢어! ○

벌처vulture(솔개)가 맹금류이긴 하지만 먹이를 사냥하는 다른 맹금류들과 날리 죽은 동물을 먹는다. 뜯어갈 썩은 살점이 있는 죽은 동물을 찾아 하늘로 힘차게 솟아오른다는 뜻이다. 벌처의 평판이 나쁜 이유에 이것도 한몫한다. 하지만 이들은 매우 똑똑하고 사회적인 새이다.

'vulture'라는 이름은 그들이 지닌 어두운 이미지에서 왔다. 그들이 사냥한 음식을 찢고 뜯는 모습에서 "뜯고 찢는다"를 의미하는 라틴어 "vellere"와 앵글로 프랑스어인 "vultur"에서 유래했다.

이름 자체만으로도 흥미롭지만, 이들 무리를 부르는 흥미로운 이름이 더 있다. 하늘을 나는 한 무리의 솔개를 "케틀kettle(주전자)"이라 부르는데, 이유는 그들이 날 때 주전자 속의 끓는 물과 비슷해 보이는 열 상승기류를 활용하기 때문이다. 그리고 또 다른 집합 명칭이 있다. 무리를 지어 동물의 잔해를 먹을 때 이들 무리를 "웨이크wake"라 부른다. 장례식 행사를 'wake*'라고도 부르듯이 말이다.

✧ CANARY

새와 섬과 개의 비밀 ○

이 불쌍하고 작은 친구들은 지금 상황이 좋지 않다는 뜻의 "탄광 속 카나리아 canary in a coal mine"라는 말 덕분에 역사와 언어에 한 자리를 차지하게 되었다. 이 관용구는 광부들이 새를 새장에 넣어 광산에 함께 들어간 데서 유래했다. 이 작은 새들은 광산 속 대기의 질을 평가하는 용도로 그곳에 가게 되었는데, 만약 카나리아가 죽는다면, 이는 광산이 일산화탄소로 가득 찼

• 죽은 사람을 장사 지내기 전에 가까운 친척이나 친구들이 관 옆에서 밤을 새워 지키는 경야(經夜)를 의미한다.

알아두면 쓸모 있는 **어원잡학사전**

다는 뜻이다. 그러므로 카나리아의 죽음은 광부들에게 탈출할 시간을 벌어주게 된다. 어떤 죽음이든 끔찍하지만, 이 새들의 희생으로 수없이 많은 광부의 목숨을 구할 수 있었다.

어찌 됐든 나는 여러분이 아프리카 해안에 있는 카나리아canary 제도에 대해 들어봤으리라 생각한다. 오늘날 우리가 애완 동물로 키우는 이 새를 키우던 이들이 바로 이 섬에서 왔고 새의 이름 또한 그 섬의 이름을 따서 만들어졌다. 이 제도의 이름은 라틴어로 카나리아 인술라Canaria Insula이고, 'canis'는 개를 뜻하는 것이니 "개들의 섬"이란 뜻이다. 그리고 오늘날 사용하는 "canine(개의)"이라는 단어 또한 바로 여기서 나왔다. 카나리아 제도에는 개가 매우 많았기 때문에 그렇게 이름 지어졌다. 정리하자면 새 이름은 섬 이름에서 나왔고, 섬 이름은 개에서 나온 것이다!

❧ DODO

사람을 믿은 어리석은 새   ○

도도새dodo는 아마도 '죽는 것'으로 가장 유명할 것이다. 그들의 죽음이 너무 유명해서 "Dead as a dodo(도도새처럼 죽었다)*"
라는 말은 무언가의 죽음을 의미하는 일반적인 관용구가 되었
다. 16~17세기에 모리셔스 섬에서 인간에게 발견된 이 가여운
새는 살아남을 가망이 전혀 없었다. 멸종이라 하면 주로 우주에
있는 물질로 인해 사망한 공룡을 떠올리지만, 이 새는 사실 우
리 인간의 사냥 때문에 멸종하였다.

도도새를 묘사할 수 있는 단어는 매우 많다. 탐구적이고 호기
심이 많으며 두려움이 없다 등으로 표현할 수 있다. 바로 이런
특성 때문에 도도새는 사람과 처음 마주쳤을 때 무서워하지 않
았고, 그 결과 이 불쌍한 새들은 너무 쉽게 사냥당하여 죽임을
당하고 먹혔다. 그 과정이 정말이지 너무나도 쉬웠기 때문에 사
실상 도도새는 멸종하게 되었다. 이로 인해 포르투갈인들은 이
새들에게서 또 다른 한 가지 자질을 보게 되었는데 바로 어리
석음이다. 그들은 "얼간이"를 뜻하는 단어 'duodo'에서 이름을
따서 그들을 dodo라고 불렀다.

● dead as a dodo. '완전히 죽은, 더 이상 효력이 없는'을 의미한다.

알아두면 쓸모 있는 **어원잡학사전**

PENGUIN

펭귄penguin이라 하면 먼저 매우 추운 기후가 생각날 테지만, 사실 세계 전역에서 볼 수 있다. 호주와 뉴질랜드에서부터 남아프리카, 남아메리카, 심지어 갈라파고스 제도에까지. 그런데도 이 동물의 이름은 그들이 결코 발견될 리 없는 곳의 이름에서 나왔다. 바로 웨일스이다.

펭귄penguin은 "머리"를 뜻하는 웨일스어 'pen'과 "흰색"을 뜻하는 'gwyn'이 합해져 'pengwyn'이 되었다. 실제로 많은 펭귄 종이 흰색 머리를 지니고 있다. 하지만 박쥐 옷을 입은 슈퍼히어로를 박살내려는 턱시도 입은 작은 새••가 이 이름을 부여받은 첫 번째 새는 아니다.

골든하인드 호는 1577년부터 3년 동안 지구를 일주한 배다. 이 배는 영국인 프랜시스 드레이크 경Sir Francis Drake이 이끌었고, 웨일스인들 또한 승선했을 것이다. 바로 이 웨일스인들이 캐나다의 뉴펀들랜드 주위를 돌 때 'pengwyn'이라는 이름을 썼

••　1992년작 〈배트맨 리턴즈〉에서 펭귄맨과 배트맨의 대결을 의미한다.

던 사람들이다. 하지만 그들은 우리가 아는 펭귄을 지칭한 것이 아니라 '큰 바다오리'라 불리던 지금은 멸종한 새를 그렇게 부른 것인데, 현재의 펭귄과 매우 유사한 모습이다.

펭귄이 큰 바다오리와 매우 닮았기 때문에 그때 이후로 펭귄 penguin이라는 명칭은 현재 우리가 모두 좋아하는 그 작은 친구들을 일컫는 이름이 되었다. 심지어 큰 바다오리의 학명에도 여전히 그때의 'penguin'의 뿌리인 핑귀니스 임페니스pinguinus impennis가 남아있다.

❦ BIRD OF PARADISE

낙원에서 온 새   ○

극락조bird of paradise는 하나의 새라기보다는 아름답고 다채로운 색상을 띤 이국적인 새에 대한 총칭이다. 뉴기니와 그 주변 섬에 살며 가장 오랫동안 사람의 손이 닿지 않았다. 앞서 말했듯, 이 이름은 총칭이고, 이 종은 왕 극락조King bird of paradise, 붉은 극락조Red bird of paradise, 황제 극락조Emperor bird of paradise, 심지어 작센의 왕 극락조the King of Saxony bird of paradise와 같은 계열의 이름을 갖고 있다.

언제부터 이들을 극락조bird of paradise로 불렸는지는 명확하지 않지만 왜 그렇게 불렸는지는 쉽게 이해된다. 외부인들은 이 이국적이고 다채로운 색깔의 새는 분명 이국적이고 다채로운 섬에서 왔을 것으로 생각했고, 유럽인들의 눈에 뉴기니와 같은 곳을 파라다이스paradise(낙원)라 부르는 것은 충분히 그럴듯했다.

파라다이스의 유래는 기독교에서의 '파라다이스(낙원)' 즉, 에덴의 동산으로 거슬러 올라간다. 여기에서 유래하여 "벽으로 둘러싸인"을 뜻하는 고대 페르시아어 'paridayda'가 나오고, 또 이에 기반하여 고대 프랑스어 'paradis'가 나왔다.

파충류와 양서류 ·········· REPTILES & AMPHIBIANS

그렇다. 인쇄를 편하게 하고자 가끔 우리가 파충류와 양서류를 한 곳에 배치할 때가 있기는 하다. 하지만 그렇다고 이 두 가지가 비슷하다고 생각하면 안 된다. 언뜻 보면 비슷해 보이지만 몇 가지 핵심적인 차이가 존재하기 때문이다. 양서류는 물과 육지에 사는 반면, 파충류는 육지에 사는 것이 가장 큰 차이가 아니냐고 할지 모르겠지만, 악어와 거북이는 두 곳에 다 살면서도 파충류로 분류된다. 가장 중요한 차이(너무 많지만) 중 몇 가지만 말하자면 양서류는 부드러운 피부를 가진 반면 파충류는 비늘을 갖고 있다. 파충류는 육지에 알을 낳지만 양서류는 물에 산란한다. 또한 양서류는 성장할 때 변태를 거치고 파충류는 그저 몸이 커진다.

실제 파충류들이 그러했듯이 'Reptiles(파충류)'란 이름 자체도 역사에서 그리 많이 변하지 않았다. "기어감 또는 기어가는 동물"을 의미하는 고대 프랑스어 'reptile'에서 유래했는데, 이는 많은 파충류가 실제로 그렇게 움직였기 때문이다. Amphibian(양서류)은 그들이 물과 육지 "두 종류 모두의 삶"을 살아갈 수 있기 때문에 "생(生)"을 뜻하는 비오스bios와 "두 종 모두"를 뜻하는 앰피amphi라는 그리스어에서 유래했다.

⚜ CROCODILE

조약돌 위를 기어다니는 벌레　　　　　　　　　　　　○

악어crocodile는 우리 지구에서 가장 환상적인 동물 중 하나이다.

수백만 년을 살아남았으니 공룡이 돌아다닐 때도 이들은 지구에 존재했고 그때 이후로 악어는 상대적으로 변한 것이 별로 없다. 이미 완벽한데 변할 이유가 뭐가 있겠는가?

긴 시간 존재하다 보니 악어는 인간 역사에서 다양한 역할을 갖게 되었다. 가장 대표적인 것으로는 고대 이집트의 악어 머리를 한 신god 소베크이다. 이 짐승을 최초로 언급한 인물은 고대 그리스 역사학자 헤로도토스Herodotus다. 그는 나일 강에서 그가 봤던 이 동물을 크로코딜로스krokodilos라 불렀고 이것이 진화해 오늘날의 악어가 되었다. 헤로도토스는 "조약돌"을 의미하는 그리스어 크로케kroke와 "벌레"를 의미하는 드릴로스drilos를 결합하여 이 이름을 만들었다. 그러면 크로커다일이 '조약돌 벌레'가 되는 것이니 훨씬 덜 위협적으로 들린다.

악어 같은 동물을 벌레로 표현했다는 것이 의아하게 들릴 것이다. 왜냐하면 벌레라 하면 우리는 보통 흙에서 몸을 마는 특이한 분홍색 친구들을 떠올릴 테니깐. 하지만 과거에는 파충류와 벌레가 하나였다. 특히 가장 힘센 파충류 '용'을 생각해보면 더욱 그런데 용을 벌레라 부르는 것은 과거엔 흔한 일이었고, 심지어 《반지의 제왕》의 저자 J. R. R. 톨킨도 중간계에서 용의 종류를 고대 영어 위름wyrm에서 유래한 벌레라고 했다.

이는 일부 파충류들이 벌레처럼 꿈틀대며 움직이기 때문이다. 심지어 중국의 용조차도 뱀과 얼마나 닮았는가. 오늘날로 치면 작은 뱀처럼 생긴 파충류, 굼벵이 무족도마뱀*을 보면 알 수 있다. 그래서 악어가 용과 닮았다고 말하는 것은 결코 무리가 아니다.

✔ FROG & TADPOLE

움직임과 소리를 따서 만든 이름   ○

개구리frog는 다양한 형태와 몸집을 갖고 있으며 영국의 연못에서부터 아마존 우림의 나무에 이르기까지 다양한 곳에 서식한다. 하지만 그들이 공통으로 갖는 특징은 팔짝 뛰는 것을 좋아한다는 것이다. 이들이 지금의 이름을 갖게 된 것은 모두 이 폴짝거림에 기원한다. 'frog'라는 명칭은 말 그대로 "폴짝 뛰는 것"처럼 독일어 프로슈frosch에서 왔다고 알려져 있다.

　라틴어로 라나Rana라 불리는 개구리 속(屬)이 있는 것처럼 개

●　유라시아에 서식하는 팔다리가 없는 도마뱀

구리는 그들이 하는 행동에서 따온 이름을 지금도 갖고 있는 것으로 보인다. 파리 먹기 다음으로 개구리가 많이 한다고 알려진 행동은 리빗리빗ribbit ribbit**하며 우는 것인데 '라나Rana'라는 이름은 이 유명한 개구리 소리를 흉내낸 것이다.

하지만 "내가 개구리다"라고 말할 수 있기 전까지 이들은 올챙이라 불린다. 머리와 꼬리밖에 없어 보이는 이 작은 것에서 시간이 지남에 따라 다리가 나오고 물 밖으로 튀어나오는 것을 보면 실로 경이롭다. 올챙이Tadpole라는 이름은 올챙이 몸의 핵심이 되는 부분이 두꺼비의 머리와 같다고 하여 "두꺼비"를 뜻하는 중세영어 tadde와 "머리"를 뜻하는 pol이 합쳐져 나온 말이다. 하지만 이보다 훨씬 사랑스러운 "pollywog"라는 명칭도 있다. 여기서도 머리를 뜻하는 중세영어 pol이 쓰이지만 뒷부분에는 "꿈틀거리다"라는 뜻의 중세 영어 wiglen이 붙여졌다. 이렇게 하면 듣기에도 귀엽고, 올챙이를 기반으로 한 포켓몬의 이름***이 훨씬 더 맞아떨어진다.

●● '개굴개굴'을 의미한다.
●●● 게임 포켓몬에서 발챙이(Poliwag), 수륙챙이(Poliwhirl Nyorozo), 강챙이(Poliwrath)가 등장한다.

✔ HERMANN'S TORTOISE

뒤틀린 다리를 가진 동물　　　　　　　　　　　　　　○

토어터스tortoise(거북이)는 다른 동물에겐 없는 특별한 권력을 갖고 있는데, 그것은 항상 심술궂은 노인처럼 보인다는 점이다. 그래서 이 종(種)이 심술궂은 노인이 가질 법한 이름이 된 것은 매우 자연스럽다. 만약 지금 이 책을 읽고 있는 사람의 이름이 헤르만Hermann이라면 미안하게 됐다. 당신이 심술궂은 노인일 리는 없다고 확신한다. 이 책을 읽고 있으니 분명히 멋진 사람일 것이다.

내가 다른 종류의 거북이가 아닌 헤르만 거북Hermann's Tortoise을 선택한 특별한 이유가 있다. 브라우저Bowser라는 이름을 가진 헤르만 거북이가 이 책을 쓰고 있는 내내 바로 옆에 있으니까! 거북이 어항을 종종걸음으로 돌아다니며 민들레잎을 갉아먹고 있다. 내가 만약 이 녀석을 언급하지 않는다면 녀석이 나를 용서하지 않을 것이다.

너무 많은 개인적인 정보는 뒤로하고 다시 본론으로 돌아가 보면, 토어터스tortoise라는 이름의 유래에 대한 몇 가지 견해가 있다. 하나는 뒤틀렸다는 의미의 라틴어 '톨투스tortus'에서 나왔다는 것이다. 이는 얼마나 많은 토어터스(헤르만 거북을 포함해)가 뒤틀린 앞다리를 갖고 있는지 보여준다. 이 "뒤틀린twisted"앞 다리로 굴을 파고 심지어 기어오르기도 한다. 물론 작은 언덕과 풀이 있는 둔덕을 오르는 정도이지 나무를 탄다는 말은 아니다. 라틴어 사용자들이 이 다리에서 이름을 따와서 이름을 지었다 는 것은 설득력이 있다.

헤르만 거북처럼 매우 많은 수의 "twisted leg(뒤틀린 다리)" 토어터스tortoise가 지중해 지역 전체에서 발견되는데 그곳은 라 틴어 사용자들이 살았던 곳이기도 하다. 만약 갈라파고스 제도 에서 발견되는 갈라파고스 땅거북의 더 큰 굽이 달린 다리에 기 반해 이 거북의 이름을 지었다면 그들이 어떻게 불렸을지 상상 이 된다.

하지만 토어터스라는 이름이 어디서 온 것인가에 대해 더 암 울한 기원을 갖는 또 다른 견해가 있다. 영원의 지옥에 있는 사람 을 신들이 내려다보았다는 그리스 지하세계 타르타로스Tartarus 와 관련하여 "지하세계의"라는 의미인 라틴어 "타르타루쿠스 Tartaruchus"에서 기원한다고 믿는 이들도 있다. 이 가엾은 거북 이가 무슨 짓을 했길래 그렇게 불리는지는 내가 이해할 수 있는 범위에 있지 않다. 아마도 몇몇 신화에서 믿는 '지구를 짊어진

월드터틀World Turtle/Tortoise*'의 개념과 관련이 있을 것이다.

그런데 우리는 앞서 헤르만 거북Hermann's Tortoise에 대해 더 자세히 살펴보기로 했다. 이들이 그저 '헤르만'이라고 불러야 될 것처럼 생겨서 그렇게 부른 게 아니라 프랑스 동식물 연구가 요한 헤르만Johann Hermann의 이름을 따서 헤르만 거북이라 부르게 되었다.

✔ PYTHON

아폴론과 싸웠던 뱀 ○

세상에는 많은 뱀이 있다. 그중에 이 뱀을 파이톤python(비단뱀)이라 부르게 된 이유는 뭘까? 파이톤은 독이 없다. 이렇게 말하니 좋게 들리는데, 그렇다고 해서 파이톤이 완전히 안전하다는 뜻은 아니다. 파이톤은 그들의 길고 두꺼운 몸으로 먹이를 죄여 죽인다. 그물 무늬의 파이톤은 길이 약 9미터까지 자랄 수 있기 때문에 세상에서 가장 큰 뱀에 속한다.

● 힌두, 중국, 아메리카 인디안의 전설에서 거대 거북이 세상을 떠받들고 있다고 믿는다.

118   알아두면 쓸모 있는 **어원잡학사전**

하지만 파이톤python의 유래는 피톤Pothōn이라는 이름의 그저 한 마리 뱀으로 거슬러 올라간다. 피톤은 그리스 신화에 등장하며 그리스 신 아폴론와의 이야기가 가장 유명하다. 아폴론과 피톤은 오랜 원수이다. 아폴론이 지구에서 사람들을 공격하고 있던 용에 대해 듣고, 이 "용"이 다름 아닌 피톤이라는 것을 알게 되면서 피톤과 아폴론의 전투는 절정으로 치닫는다. 피톤과의 최후의 만남에서 아폴론이 뱀의 머리로 화살을 명중해 땅으로 내리꽂는다. 이 괴수를 처단하기 위한 화살을 몇 발 더 쏘기도 전에 일어난 일이다.

고대 그리스 신화의 피톤은 비록 패배하였지만, 그 이름은 여전히 사용되고 있다. 이 지구까지 와서도 잘려버린 많은 파이톤python**을 통해서 말이다. 하지만 만약 당신이 이 뱀을 발견한다 하더라도 화살을 쏴서 그의 머리를 바닥에 처박을 생각은 하지 마라.

●● 세로로 자른다는 의미로 직물로 사용되는 파이톤을 의미한다.

🪶 AXOLOTL

물의 하인 도롱뇽 ○

글자들이 마구 섞인 듯한 이 단어가 말이 안 되는 것으로 보이지만 아홀로틀axolotl은 도롱뇽의 일종이다. 녀석들은 다양한 형태와 색깔을 갖고 있지만 가장 잘 알려진 종은 포켓몬 실사와 가장 비슷해 보이는 붉은색 아가미를 가진 분홍색 아홀로틀이다. 이 녀석들은 멕시코에서 발견되기 때문에 나와틀어를 기원으로 하는 이름을 갖고 있다. 나와틀어란 멕시코 원주민 아스텍인들이 사용한 언어이다.

모습은 귀엽지만 이름은 그렇지 않다. 어찌 된 일인지 이 녀석들은 이름 때문에 수중의 집사가 되어 버렸다. 나와틀어로 물을 뜻하는 아틀atl과 미끄러운/주름진 것/하인/노예를 뜻하는 솔로틀xolotl을 합쳐서 이들의 이름은 문자 그대로 "물의 하인"이 돼버린 것이다. 물의 하인이 아니라면 물의 주름진 것이 될 수도 있었으리라. 뭐가 되었든 이 이미지는 녀석들에게 맞지 않는다. 만약 당신이 이 어원을 믿고 정말로 아홀로틀을 본인의 하인으로 삼고자 한다면 실망할 것이다. 유감스럽지만 이 도롱뇽들은 설거지도 못 하고 다림질한 옷을 개지도 못하니깐.

알아두면 쓸모 있는 **어원잡학사전**

아홀로틀은 멕시코에서 왔고 외형이 도롱뇽이나 양서류들보다 어류에 훨씬 가까우므로 "멕시코의 걷는 물고기"라고도 알려져 있다. 물론 실제로 물고기는 아니다.

✧ TYRANNOSAURUS REX

강력한 폭군 도마뱀 ○

우리가 이 행성에 살기 전의 세계는 완전히 다른 종의 것이었다. 바로 공룡이다. 그리고 티라노사우루스 렉스tyrannosaurus rex만큼 악명높은 공룡은 없다. 오늘날의 일반인(나를 포함하여)들에게 정확히 공룡이 무엇이고, 어떻게 살았는지에 대한 개념은 주로 픽션이 그린 공룡의 모습에 기반하여 이루어졌다. 이 공룡의 경우에는 특히 더하다.

최신의 정보들이 나오면서 공룡이 파충류이기는 하지만 영화에서 만들어낸 이미지보다는 새에 더 가깝다고 믿는 사람들이 더욱더 많아졌다. 우리가 가진 티라노사우루스 렉스의 사나운 이미지는 사실상 크고 화난 칠면조에 더 가깝다. 공룡에 관한 또 다른 이야기는 그들이 얼마나 긴 시간의 간격을 두고 살았냐는 것이다. 우리 머릿속에는(뭐 나의 머릿속이긴 하지만 어쨌든) 공룡들이 함께 살았다. 하지만 사실 스테고사우루스와 티라노사우루스의 생존 시기는 8천5백만 년이나 떨어져 있다.

하지만 이 공룡들의 이름은 그리 오래되지 않았다. 공룡이 스스로 이름을 짓지는 않았을 것이고 (공룡시대*)가 우리에게 거짓말을 했다), 그때 그들의 이름을 지어줄 누군가가 있었을 리도 없다. 공룡의 이름은 우리가 화석을 통해 알게 된 것에 기반하여 우리 인간이 지은 것이다. 예를 들어 그리스어 트리tri(삼), 케라스ceras(뿔) 그리고 옵스ops(얼굴)에서 트리케라톱스triceratops가 만들어졌다. 또는 화석이 발견된 곳 '유타Utah'와 약탈자나 도둑을 의미하는 라틴어 '랍토르raptor'가 합쳐져 '유타랍토르Utahraptor'라는 이름이 만들어졌다.

그리고 가장 강력한 공룡인 티라노사우루스 렉스tyrannosaurus rex는 이름도 아주 강력한 뜻을 가지고 있다. 1905년 헨리 페어필드 오즈번Henry Fairfield Osborn은 그리스어 티라노스tyrannos, 사우루스sauros 그리고 렉스rex로 구성된 이름을 짓는데, 이를

● 1998년에 제작된 공룡 어드벤처 애니메이션으로서 원제는 〈The Land Before Time〉이다.

엉어로 옮기면 'Tyrant Lizard King(폭군 도마뱀)'이다. 티라노사우루스의 거대한 몸집과 다른 공룡을 압도하는 우월한 사냥 실력에 경의를 표하여 지은 이름이다.

ᨕ CHAMELEON

지상의 사자, 그런데 사자는 원래 지상에 있지 않나?　　　　　○

카멜레온chameleon은 여러 가지 이유로 유명하다. 파리를 잡을 때 즉각 튀어나오는 긴 혀, 두 개가 따로 움직여서 어느 쪽이든 볼 수 있는 독특한 눈, 무엇보다 비늘 색을 바꿀 수 있는 그들의 능력으로 특히 유명하다. 이러한 독특한 특징이 있으니 그들 이름은 이 특징 중 하나에서 땄겠거니 생각할 수 있지만, 이 특징 중 어떤 것도 카멜레온이라는 이름의 유래가 아니다.

　그렇다면 어디에서 그들의 이름이 만들어진 것일까? 그것은 전혀 다른 동물이다. 카멜레온chameleon의 이름 뒷부분 글자가 "leon"이라는 것은 알아차렸을 것이다. 이 글자는 사자를 뜻하는 그리스 단어 레온leon에서 나왔다. 그리고 이름의 앞부분은 "지상에서"를 뜻하는 그리스 단어 카마이Khamai에서 나왔다. 그렇다면 이 도마뱀의 이름은 "지상의 사자"쯤으로 번역할 수 있다.

이 친구들이 어떻게 해서 지상의 사자로 불리게 됐는지는 정확히 알려지지 않았지만 보통의 사자들이 다 "지상의 사자"이지 않은가? 최근에 내가 그들을 바다나 하늘에서 본 적은 없었던 것 같다. 내가 추측하기로는 갈기가 있는 카멜레온의 머리가 마치 사자의 갈기와 비슷하다고 생각하여 대형 고양잇과 동물에 대한 경의를 표하고자 이 이름을 붙인 것이 아닐까 한다. 다소 희한한 동물이 가진 다소 희한한 이름이다.

✔ CANE TOAD

사탕수수를 지키키 위해 왔다고? ○

호주 독자들이라면 수수두꺼비cane toad 이야기에 등골이 오싹해지리라 생각한다. 이들은 흥미로운 역사가 있다. 본래 그들은 중앙아메리카와 남아메리카에 서식했지만 계속해서 해충 피해를 보는 작물을 지키고자 그들을 대서양과 호주 일부 지역으로 들여왔다. 하지만 이 두꺼비의 독성이 다른 동물을 죽일 수 있었기 때문에 이들은 호주에서 더욱 심각한 유해 동물이 되었다. 호주는 지금도 이 외래종을 처리할 방법을 모색하느라 애쓰고 있다.

토드toad라는 이름의 기원은 끔찍할 정도로 별것 없다. 고대 영어 tadige에서 유래했다는 것 말고는 알려진 바가 없다. 사탕수수sugar cane를 워낙 많이 먹어서 그렇게 이름 지어졌을 게 뻔한 사탕수수 딱정벌레cane beetle를 다 먹어 치움으로써 박멸시킬 목적으로 그들을 호주로 데려왔기 때문에 그들은 수수두꺼비 cane toad라 불렸다. 당시 사탕수수 딱정벌레라 불린 딱정벌레가 사탕수수를 먹고 있었고, 사람들은 그 딱정벌레를 먹어 치울 두꺼비를 데려왔다. 그렇게 해서 그 두꺼비는 수수두꺼비가 된 것이다. 아마 다음의 호주인들은 이 수수두꺼비cane toad를 죄다 먹어 치울 "수수늑대cane wolf" 혹은 "수수독수리cane eagle"를 데려올 것이다.

✔ KOMODO DRAGON

용의 이름을 얻은 도마뱀 ○

도마뱀이 파충류지만, 모든 파충류가 도마뱀은 아니다. 이 짐승보다 더 큰 다른 종류의 뱀, 파충류, 악어가 있음에도 코모도왕

도마뱀komodo dragon이 지구에서 가장 큰 도마뱀이라 할 수 있는 이유가 바로 이것이다.

이 녀석들은 덩치가 점점 커진다. 약 2.7미터까지 자랄 수 있어서 새는 물론 포유류까지 먹는다. 그들의 탁월한 몸집과 식성 덕분에 용dragon이라는 타이틀을 얻게 되었다. 성 게오르기우스에게 죽임을 당하는 용에서부터 고대 중국의 용에 이르기까지 용은 다양한 신화에 등장했다.

그러나 'dragon'이라는 단어는 "뱀"을 의미하는 그리스어 드라콘drakon을 기원으로 한다. 뱀과 마찬가지로 용이란 말도 벌레에서 유래했다는 생각은 앞의 악어 파트에서 우리가 용에 대해 언급했던 것과 같은 맥락이다.

코모도Komodo는 이들이 발견되는 장소에서 유래한 것으로서, 코모도 섬은 인도네시아 일부를 차지하고 있는 곳이다. 하지만 코모도라는 이름 자체가 어디서 유래했는지는 알려지지 않았다.

 GODZILLA

우리 행성에서 가장 희귀하고도 가장 위험한 파충류 중 하나다. 고질라Godzilla가 어디서 왔는지는 우리가 확신할 수 없지만 혹자들은 그들이 선사시대 동물이며, 해양 깊은 곳에서 대부분의 시간을 보내다가 필요한 경우에만 깊은 곳에서 올라왔다고 주장한다. 하지만 고질라가 한때는 그저 도마뱀이나 파충류 종의 하나일 뿐이었지만 인간의 핵폭탄 실험으로 인해 생명체계가 바뀌었다고 믿는 사람들도 있다.

고질라가 처음 등장한 곳은 일본이다. 현재 우리가 알고 있는 '고질라'라는 이름의 기원은 일본 이름 고지라Gojira였지만 영어화 되면서 바뀐 것이다. 고질라는 파충류 괴수이다(누군가는 괴수의 왕이라고도 한다). 본래의 일본명 고지라ゴジラ는 두 가지 포유류의 합성어이다. 고릴라를 뜻하는 일본어 고리라ゴリラ와 고래를 뜻하는 쿠지라クジラ에서 나왔다. 즉, 고질라는 '고릴라 고래'가 되는데, 이는 고릴라처럼 강하고 직립이 가능했으며 동시에 고래처럼 대양 깊숙이 잠수할 수 있었기 때문이다.

지진과 마찬가지로 일본인에게 고질라는 가장 큰 위협이긴

하지만 다행히도 고질라가 실제로 존재하는 것은 아니다. 저기,
내가 꼭 실재하는 것만 이야기한다고는 안 하지 않았는가.

곤충 .... BUGS

이 파트의 어원 풀이를 보고 화를 내는 일부 어원학자들이 분명
히 있을 수 있다. 이 파트를 지나갈 수 있는 징그러운 벌레 이름
이 매우 많다. 곤충insect*, 거미류, 절지동물, 복족류 등. 하지만
여기서는 모두 곤충bug이라는 하나의 이름으로 부르고자 한다.
기본적으로 사람보다 작은 크기에, 눈과 다리가 더 많거나, 혹은
피부에 소름이 느껴진다면(곤충은 확실히 내 스타일은 아니다), 여
러분의 손에 곤충 한 마리가 있다는 것이다. 그런데 'bug'라는
명칭의 기원은 우리에게 전혀 알려진 바가 없다.

●   6개의 다리가 있고, 주로 날개가 달린 곤충

알아두면 쓸모 있는 **어원잡학사전**

✔ BUTTERFLY

정말로 버터와 관련이 있다고?   ○

젖을 생산하는 젖소와는 달리 버터플라이butterfly는 버터를 만들지 못한다. 다소 실망스럽다. 이 이름은 나비를 뜻하는 고대 영어 'buterfleoge'에 뿌리를 두는데 그저 단순히 butter와 fly를 합친 것으로 알려져 있다. 그런데 왜 이 두 가지를 합쳤을까? 도대체 왜 이 곤충의 이름을 버터에서 가져온 것일까?

한 가지 이론은 그들의 날개 색깔 때문이다. 말했듯이, 'butterfly'는 고대 영어단어이다. 영국에서 가장 흔한 나비는 노란색 날개를 지닌 것인데, 버터는 노란색이고 나비는 난다(fly). 그래서 그저 버터와 플라이가 합쳐진 것뿐이다.

그런데 어쩌면 버터가 색깔과 관련이 없을 수도 있다. 한 가지 속설에 따르면 버터플라이를 벌레로 변하는 마녀로 여겼다고 한다. 마녀가 벌레로 변신하여 마을에서 이것저것 훔쳤다는 것이다. 뭘 훔쳤냐면 우유, 그리고 당신도 추측한 것으로 보이는데, 그렇다. 바로 버터이다.

하지만 가장 재미있는 속설은 'butterfly'가 원래는 flutter-by(파닥거리며 지나가다)였는데 시간이 가면서 이름이 뒤죽박

죽되었다는 것이다. 뭐, 나비가 파닥거리긴하지(The butterfly flutters by).

⚜ LADYBUG

성모 마리아의 새, 혹은 벌레 ○

이곳 영국에서는 무당벌레를 레이디 버드ladybird(사실 이 이름이 훨씬 더 말이 안 되긴 한다)라 부르기 때문에 레이디 버그ladybug라고 쓰려니 내 영국산 뼈가 움찔한다. 하지만 둘 다 진짜 명칭은 아니다. 진짜 이름은 코시넬리데coccinellidae이다. 그저 이 벌레의 껍질을 표현하기 위해 주황색을 뜻하는 라틴어 '코시네우스coccineus'에서 유래한 것으로 이 이름이 훨씬 따분하다. 하지만 정확성으로 보자면 이 이름이 더 알맞다. 그 이유는 레이디 버드/레이디 버그가 "새bird"도 아니고 "진짜 벌레bug"도 아니며 모두 암컷lady도 아니기 때문이다.

레이디 버드/레이디 버그와 관련해서는 명확한 답변이 없다 (새처럼 날고, 벌레처럼 생겼다 정도이다). 하지만 이름의 '레이디' 부분은 매우 흥미롭다. 여기서의 레이디는 모든 숙녀를 일컫는 것

알아두면 쓸모 있는 **어원잡학사전**

이 아니라 한 명의 특정한 여성을 말한다. 바로 성모 마리아이다. 그들의 붉은 껍질이 성모 마리아가 자주 입었던 붉은색 망토처럼 보였기 때문에 유럽에서 "성모 마리아의 새"가 되었고, 대서양을 건너면서 "bug"로 이름이 바뀌었다. 무당벌레에 흔히 보이는 7개의 점은 성모칠락(樂)과 성모칠고(苦)를 나타낸다고 여겨진다.

"성모 마리아가 빨간색이 아니라 파란색 망토를 입지 않았나?"라고 묻는 소리가 들린다. 이 질문 자체가 역사의 아주 흥미로운 부분이다. 지금은 성모 마리아가 거의 파란색을 입고 있다. 하지만 예전에는 파란색을 구하는 것이 믿기 어려울 만큼 어려웠기 때문에 파란색 대신 빨간색으로 색칠한 것이다. 아프가니스탄에서 청금석이 발견되고 나서야 성모 마리아의 옷이 점차 푸르게 변했다. 이 희귀한 돌은 이전에는 볼 수 없었던 매우 아름다운 파란 색조의 물감을 만들어냈고, 많은 르네상스 시대 화가들이 예수의 어머니를 찬양하기 위해 이 색깔을 사용했다. 레이디 버그가 지금의 이름을 갖게 된 것과는 아무런 관련이 없는 이야기일지라도, 이 또한 매우 흥미로운 역사라는 것은 두말할 나위가 없다. 파란색이 처음 발견된 시대를 산다는 것을 상상할 수 있을까?

🦋 BULLET ANT

총 맞은 것처럼 고통스러운 침 　　　　　　　　　　　　　　　○

세상에서 가장 고통스러운 침은 무시무시한 말벌이나 지옥에서 바로 온 듯한 전갈의 침이라고 생각할 수 있다. 하지만 곤충 중에서 가장 고통스러운 침의 영예는 개미에게로 돌아간다. 제대로 읽은 것이 맞다. 창가에 둔 유리 사육장에 살고 있거나 당신의 텐트를 급습하던 그들 중 일부가 '가장 고통스러운 침'이라는 타이틀을 거머쥔다. 정확히 말하면 일반적인 개미 종이 그 정도의 상해를 주는 것은 아니다. 구체적으로 불릿앤트bullet ant(총알개미)들이 그러하다.

'ant'라는 이름은 고대 영어 'æmette'에서 유래했는데, 어쩌다 'bullet ant'(총알개미)가 되었을까? 총알bullet처럼 빨라서? 아니면 총알처럼 금속으로 만들어져서? 아니다. 앞에서 말한 그 침의 고통 때문에 총알bullet이라 불린다. 침이 너무 고통스러워서, 쏘이게 되면 총알에 맞았을 때와 매우 유사하다.

이 개미들은 남아메리카에 서식하는데 그곳에서 그들은 "24시간 개미"라는 뜻의 베네수엘라어로 호르미가 베인티콰트로 hormiga veinticuatro라고도 불린다. 침에 쏘이게 되면 24시간 동안 통증을 느낀다는 뜻이니 이 이름 또한 침의 고통을 말해주는 것이다. 잔인한 말을 조금 더 보태면 24시간은 쏘이고 나서 죽는 데까지 걸리는 시간을 말한다. 하지만 다행히 당신이 애초에 총알개미의 침에 알레르기가 있는 경우에만 죽는다.

이 개미를 일컫는 훨씬 덜 무서운 이름도 있다. "포네라ponera(다른 종의 개미)의 친척" 그리고 "곤봉 모양의"라는 의미를 지닌 학명 파라포네라 클라바타paraponera clavata이다. 잠깐, 곤봉 모양이라고? 그렇다. 심지어 이들의 학명조차도 무기와 관련된다.

☘ TARANTULA

광란의 춤을 부르는 거미   ○

어떤 때는 이것이 벌레라는 것조차 믿기 힘들다. 송곳니가 있고 털로 덮여있으며, 어떤 경우는 새와 작은 포유류까지 먹으니 말이다. 늑대와 다소 비슷하다고 말할 수도 있다. 사실 이 생명체가 지금의 이름을 얻는 데에 늑대가 일조하기도 했다. '타란툴라tarantula'라는 이름으로 처음 알려진 거미는 정확히 말하면 그 거미가 아니다. 타란툴라는 타란토Taranto라는 이탈리아 남부의 한 마을에서 발견된 거미에게 처음 붙여진 이름이다. 마을 사람들이 마을 이름을 따서 그 거미를 타란톨라tarantola라 부른 것이다. 그리고 이것이 영어권 국가에서 타란튤라로 바뀌었다. 앞에서 말했듯이 엄격히 말해 이 녀석들이 타란튤라는 아니지만 그들은 지금까지도 그 이름을 갖고서 리코사 타란튤라Lycosa tarantula로 불린다. 하지만 늑대와 매우 흡사한 생김새로 인해 유럽의 늑대거미로 더 잘 알려져 있다.

이탈리아에서 리코사 타란튤라가 최초로 발견되었을 때 일대 소동이 일어났다. 만약 이들에게 물리게 되면 무도병tarantism에 걸려 발작과 흥분상태를 겪다가 결국 사망할 것이라고 생각해, 사람들은 두려워했다. 이 병을 낫게 하는 유일한 방법은 타란텔라tarantella라 불리는 통제 불가능한 광란의 춤을 추는 것이었다. 물론 지금은 이 녀석들에게 한 번 물린다고 해서 큰 영향이 있지는 않다는 사실을 알지만, 혹시라도 당신이 물리게 된다면 춤은 지금도 마음껏 춰도 된다.

그곳의 타란튤라가 오늘날 우리가 타란튤라라 부르는 거미와 관련되기 시작한 것은 유럽인들이 라틴아메리카에 정착하면서부터다. 아메리카 대륙의 최초 정착민이 주로 스페인 사람이긴 했지만 그들의 배에 탄 이탈리아인도 있었을 것이다. 이 이

알아두면 쓸모 있는 **어원잡학사전**

탈리아인들이 아메리카 대륙에 살던 이 무시무시한 거미를 봤을 때 그들은 과거 이탈리아에 있었던 그 무시무시한 거미의 이름을 그대로 따서 타란툴라tarantula라 이름 지었다.

❦ PRAYING MANTIS

신묘하고 영적인 곤충   ○

이 곤충을 처음 보고 그들의 이름을 들으면 그들이 "잡아먹는prey-ing" 사마귀라고 생각할 것이다. 왜냐하면 이런 벌레들이 보통 먹이를 사냥하고 죽일 때 그렇게 하니까 말이다. 사실 이들은 자신보다 몸집이 더 큰 새를 쓰러뜨리기도 한다. 그런데 이들의 이름은 공격적 특성에서 유래했다기보다는 정적인 자세에서 유래한 것이다. 가만히 서 있을 때 사마귀는 앞다리/팔/발톱을 위로 똑바로 들고 있다. 마치 기도하듯이. 그래서 그들이 먹이를 잡아먹는preying 사마귀가 아니라 기도하는praying 사마귀가된 것이다. 그렇다면 그들 이름의 '기도' 부분과 상관없는 부분인 'mantis'는 어떻게 된 것일까? 이 또한 기도와 같이 영적인 근원을 갖고 있다. 이 이름은 "신성한 자" 또는 다른 말로 그저 "예언자"라는 뜻의 그리스어 맨티스mantis에서 나왔다. 이 단어 역시 이 친구들의 기도하는 자세에서 유래했다. 그리스어 맨티스는 "영감을 받은"이라는 뜻의 마이네스타이mainesthai에서 나왔고, 이는 다시 "열정"과 "영혼"을 의미하는 메노스menos에서 나온 것이다. 이 곤충에게는 신묘한 무언가가 있다. 신비한 생김새에서부터 섬세하고 느린 몸짓까지. 마치 태극권이라도 하는 듯하다.

🐝 BUMBLEBEE

호박벌과 덤블도어의 공통점은? ○

우리 지구에는 많은 종류의 벌이 있다. 꿀벌부터 목수벌, 가위벌에 이르기까지. 그러나 우리가 여기서 살펴볼 벌은 그들 중에서 가장 사랑스러운 이름인 범블비bumblebee(호박벌)이다. 'bee'라는 이름은 사실 큰 관심이 없다. 우리가 아는 거라 해봤자 고대 영어 'beo'에서 나왔다는 것일 뿐이니까. 하지만 이보다 더 흥미로운 것은 바로 이 벌 이름의 앞부분인 'bumble'과 'bee(호박벌을 포함하여)'가 사는 흥미로운 사회, 그리고 벌 사회에 존재하는 세 종류의 벌을 지칭하는 이름이다.

알아두면 쓸모 있는 **어원잡학사전**

호박벌bumblebee은 꿀벌honey bee만큼 큰 사회에 살지 않지만 이름은 꿀벌이 훨씬 따분하다. 호박벌은 주로 40~500마리의 다른 벌들과 함께 사는 반면, 꿀벌은 6만 마리의 사회 속에 산다. 꿀벌은 동료 벌들과 소통하기 위해 춤을 추지만 호박벌은 그런 것이 전혀 없다. 그래서인지 호박벌은 더 뚱뚱하고, 털이 많고, 귀엽다. 이 벌 세계에 있는 3종류의 구성원으로는 여왕벌queen, 일벌worker, 수벌drone이 있다.

하나의 군락에는 한 마리의 여왕벌만 있다. 군락 내에서 가장 높은 서열이며, 암컷이기 때문에 그들을 여왕벌이라 부른다. 왕벌Kingbee 같은 것은 존재하지 않는다. 여왕벌이 하나의 군락에서 번식할 수 있는 유일한 암벌이기 때문에 그들의 주된 임무는 번식이다. 일벌은 벌집에서 모든 고된 일을 다 하는 벌이라 그렇게 불린다. 그들은 주로 생식력이 발달하지 않은 암벌이기 때문에 여왕벌을 보살피고, 벌집을 짓고, 꽃꿀·꽃가루·물을 채취하여 다시 벌집으로 가져온다. 마지막으로 수벌을 보자. 그들은 오직 단 한 가지 이유만으로 존재한다. 바로 교미이다. 그들은 다소 하릴없이 빈둥거리는 벌이라 수벌drone*이라 불린다.

●   drone. 윙거리는 소리, 게으름뱅이라는 의미가 있다.

수벌의 유일무이한 일은 여왕벌의 난자를 수정시키는 것이다. 물론 매우 힘든 일이다. 하지만 이것은 마치 인간사회와 비슷한 말도 안 되는 일이 벌집 안에서도 일어나고 있다는 통찰을 보여 준다.

그렇다면 bumblebee의 "bumble"은 무엇일까? bumble이 무언가의 의성어라는 것을 알아차릴 수 있을 것이다. 아마도 호박벌이 날 때 내는 소리가 아닐까 싶다. 하지만 그전부터 이 이름을 갖고 있던 것은 아니다. 찰스 다윈이 살던 시대에 그는 이런 종류의 벌을 "humble(겸손한) bee"라고 불렀다. 이 벌이 얼마나 겸손한지와는 아무런 상관이 없는데도 말이다. 다윈은 그들이 날 때 윙윙거린다고 생각했다. 시간이 지나면서 이것이 결국 "bumble"로 바뀌게 되었고, 1910년 베아트릭스 포터 작가의 《티틀마우스 부인 이야기Tale of Mrs. Tittlemouse》에서 humble-bumble이 전환되는 중요한 순간이 나왔다. 그녀의 집에 있는 검은색과 노란색 날개가 달린 벌레 중 하나를 "Babbity Bumble"이라고 부른 것이다.

아, 그리고 bumblebee를 나타내는 고대 영어 덤블도어dumbledore는 어떤 마법사 학교장에게 붙여진 이름이기도 하다. 혼자 콧노래를 부르고 학교회관을 거니는 모습을 자주 볼 수 있어서 그렇게 불렸다.

DADDY LONG-LEGS

키다리아저씨와의 연결고리   ○

대디 롱레그스daddy longlegs(다리 긴 거미)라 불리는 다른 여러 종의 벌레가 있다고 한다. 장님거미라고도 부르는 통거미목, 실거미라고도 부르는 유령 거미, 그리고 각다귀 등이 이에 해당한다.

대디 롱레그스라는 이름을 들었을 때 어떤 벌레가 생각나는지는 차치하고, 징그러운 벌레들이 어떻게 이토록 매력적인 이름을 얻게 되었을까?

여기 충격적인 이야기가 있다. 자, 들을 준비가 되었는가? 대디 롱레그스는…… 실제로 "긴 다리"를 가지고 있다! 이런, 누가 예측이나 했겠는가? 그러면 이름의 "긴 다리" 부분은 설명이 되는데 '아빠' 부분은 설명하지 못한다. 솔직히 말하자면 아빠라는 접두어를 왜 갖게 됐는지에 관해선 줄 수 있는 답이 없어서 안타깝게 생각한다. 우리가 생각해 볼 수 있는 유일한 연결고리는 한 가지 유명한 소설이다. 바로 진 웹스터의 1912년 소설 《키다리 아저씨Daddy-Long-Legs》이다. 하지만 그걸 제외했을 때 이 특이한 녀석들의 특이한 이름은 여전히 미스터리다.

BLACK WIDOW SPIDER

과부가 된 무시무시한 이유   ○

모든 거미 종 중에 타란툴라 다음으로 가장 잘 알려진 것이 블랙위도우 스파이더black widow spider(흑색 과부 거미)일 것이다. 블랙위도우 스파이더는 타란툴라보다 훨씬 작지만 그들의 독성은 메스꺼움, 근육통을 비롯하여 인간에게 심각한 통증을 유발할 수 있고, 횡격막을 마비시켜 숨쉬기를 어렵게 할 수 있다. 하지만 다행히 이 거미에 물려서 사망하는 일이 매우 흔한 것은 아니다. 그렇다고 당신을 물어줄 거미를 찾아 돌아다니지는 마라.

많은 종류의 과부 거미가 있다. 과부 거미의 특징을 규정하는 것은 단연 그들의 검정 색상이다. 그들의 이름은 이 색깔에서 나온 것이다. 블랙위도우 스파이더는 거의 완전히 검은색이다. 매우 잘 알려진 복부의 붉은색 무늬를 제외하고는 모두 검은색이다.

그렇다면 그들은 왜 과부widow라고 불릴까? 결혼 생활을 끝내서가 아니다(결국 그들은 모두 죽음으로 끝나지만). 사실 그것보다 더 징그럽다. 늘 그렇지는 않더라도 블랙위도우 스파이더 암컷은 볼 일 다 보고 나면 즉시 자신의 짝짓기 상대였던 수컷 거미를 죽이고 이를 먹는 '즐거운 습관'을 갖고 있다. 그래서 그들이 과부라고 불렸던 것이다! 그러니깐 만약 당신이 블랙위도우 스파이더를 만났을 때 그들의 결혼 상태에 대해 측은한 생각이 들더라도, 그렇게 걱정할 필요는 없다.

✦ CENTIPEDE&MILLIPEDE

다리가 백 개 혹은 천 개인 녀석들 ○

이들은 생김새뿐 아니라 이름도 엄청 비슷하니깐 두 녀석 모두 알아보자. 두 이름 모두 이들이 가진 엄청난 수의 다리를 의미한다. 두 개의 이름 모두에 있는 "피드pede"는 "발"을 뜻하는 라틴어 페스pes에서 유래했다. 페스pes가 현재 영어단어 'foot'과는 전혀 비슷하게 들리지 않지만 지금까지도 발과 관련된 여러 단어에 상당히 많이 사용되고 있다. 그래도 헷갈린다면 "발과 관련된"이라는 뜻이 있고, 페스에서 온 라틴어 페도pedo를 보면 좀 더 이해될 것이다. 발에 하는 편안한 관리를 페디큐어pedicure 라 부르고 기계에 관해서는 걸음을 추적하는 만보계를 페도미터pedometer라 부르는 것을 봐도 알 수 있다. 이러한 고대 단어가 오늘날에도 여전히 쓰이는 것은 매우 멋진 일이다.

하지만 이 두 동물 이름의 앞부분은 각각 가진 다리 수이다. 아니 갖고 있다고 여겨지는 수이다. centipede(지네)는 100개의 다리를 가졌다고 알려져 있다. 사실 30개에서 300개 정도의 다리가 있을 것이다. 그래서 100을 뜻하는 라틴어 'centum'이 들어간 이름을 갖게 되었다. 100년의 세월이 지나가는 것을 'century'라고 부르는 것을 보아도 이 단어 역시 여전히 사용되고 있다는 것을 알 수 있다. 노래기의 이름 'millipede'는 우리 현대인들에게는 'million(백만)'을 뜻하는 것처럼 보이는 라틴어인 'millie'에서 유래했지만, 사실 'millie'은 밀레니엄이라는 단어에서도 알 수 있듯이 1000을 의미한다.

노래기millipede의 다리는 최대 750여 개이기 때문에 나는 이들을 지금의 이름이 아니라 4분의 3 'millie(1000)pede(발)'이라고 불러야 한다고 생각한다.

DUNG BEETLE

그래도 봐줄 만한 이름 ○

안타깝지만 쇠똥구리dung beetle는 이 곤충을 부르는 별명이 아니라 실제로 이 딱정벌레 종을 일컫는 공식 명칭이다. 참 안됐다. 하지만 솔직히 말하면 쇠똥구리는 온종일 똥을 굴리며 지내는 것을 즐기는 것 같다. 본인들이 행복하다면야. 배설물을 굴려 공으로 만드는 재주 때문에 'dung beetle'이라 불린다. 이 이름에 대해 더 많이 생각할수록, 그리고 똥을 의미하는 수많은 영어단어에 대해 더 많이 생각할수록 'dung beetle'이라는 이름은 그래도 봐줄 만한 이름이다.

사실 'beetle'이라는 이름은 고대 영어 bitela에서 유래한 biter(무는 것, 무는 사람)의 의미를 담고 있다. 'dung'(주로 큰 동물의 똥) 또한 고대 영어를 기원으로 하지만 'bitela'가 'beetle'이 된 방식과 달리 'dung은 계속해서 'dung'이었다. 그나마 한 가지 재밌는 것을 발견했는데(이것은 어디까지나 철저히 나만의 이론이다) 고대 영어단어 dunn이다. 'dunn'은 지금도 쓰이는 단어로서 회색이 도는 갈색의 어두컴컴한 색깔을 말한다. 바로 그 점에서 갈색 전사라는 의미의 'duncan'이라는 이름이 생겨났고, 당나귀 또한 짙은 회색빛이 도는 갈색이기 때문에 donkey(당나귀)라고 불리게 되었다. 아마도 이 갈색의 어두운 'dunn'의 색깔이 단어 'dung'에 영향을 미쳤을 것 같다. 똥 역시 매우 갈색이고 어두우니깐!

물고기와 수중생물 ·············· FISH & AQUATIC LIFE

마지막으로 우리의 어원 사파리에서 땅과 하늘을 뒤로 하고 물에 사는 물고기와 그 외 다양한 생물의 이름 속으로 뛰어들어보자. 사실 이미 몇 가지는 앞에서 다뤘다. 악어는 물에 사는데 파충류에서 다뤘고, 향유고래는 바다에 사는데 포유류에서 다뤘다. 거짓말쟁이가 된 것 같다. 그건 그렇고 'fish'라는 단어의 명확한 기원은 없다. 분명한 것은 그 이름이 아주 오랜 시간 상대적으로 변화 없이 유지되었다는 점이다. 이 단어의 유래는 피스크pisk라는 인도 유럽 조어로 거슬러 올라가는데 오늘날 우리가 아가미 달린 경이로운 생물을 칭하는 그 이름과 크게 다르지 않다.

알아두면 쓸모 있는 **어원잡학사전**

❧ SALMON

도약하는 물고기, 연어의 이름   ○

살몬salmon(연어) 이야기보다 더 아름답고 시적인 것이 자연에
또 있을까? 그들은 개울에서 태어나 한동안 바다에서 자라고 산
다. 그리고 개울과 하천으로 다시 거슬러 올라와 그곳에서 알을
낳고 죽는다. 해양에서 개울로 되돌아오는 대장정 중에는 먹이
섭취를 멈추고 집에 닿기 위해 사력을 다한다. 도착 후 이들은
짝짓기하고 번식한다. 보통 이 과정에 암컷을 차지하기 위한 수
컷들의 싸움이 포함된다. 일단 새로운 생명이 나오면 이들은 죽
음을 맞이한다.

  이런 이야기는 자연에 많지 않다. 집으로 돌아오는 여정에서
가장 잘 알려진 연어의 행동은 점프하여 상류로 올라오는 것인
데 마치 강에서 뛰어 오르는 물방울 같아 보일 수도 있다. 가끔
은 다소 불행하게도(꽤 우스꽝스러워 보일 때도 있지만) 기다리고
있던 곰의 입속으로 완벽히 착지한다. 곰 입장에서는 거저 들
어온 것인데, 우리도 음식이 입속으로 뛰어 들어온다면 얼마나
좋을까. 살몬salmon이라는 이름은 바로 이렇게 뛰어오르는 행
동에서 나왔다. "도약하다"는 뜻의 라틴어 살리레salire에 기반

하여 "도약하는 자"를 뜻하는 살모넴salmonem에서 만들어진 것이다.

CLOWNFISH

니모의 진짜 이름 ○

클라운피시clownfish(흰동가리)는 그룹 내 암컷이 죽으면 수컷 중한 마리가 성을 바꿔 우두머리 암컷이 된다는 점에서 다소 신기한 물고기다. 인간도 이런 능력이 있어야 한다고 생각하는지 아닌지는 여러분의 판단에 맡기겠다. 클라운피시는 색도 아주 다양하다. 가장 잘 알려진 것은 주황색 몸에 흰색과 검은색 줄무늬를 띤 것이지만 그것 외에 빨간색, 노란색, 검은색, 심지어 분홍색도 있다. 이렇게 밝고 다채로운 색깔 때문에 그들은 'clown(광대) fish'로 알려졌는데, 광대들이 밝고 화려한 색의 옷을 입기 때문이다. 다행히 이 물고기는 피에로만큼 섬뜩하지는 않다. 혹시 전문 피에로 배우가 이 글을 읽고 있다면 미안함을 전한다. 물론 당신은 아주 사랑스러운 사람일 것이다.

클라운피시는 다른 이름도 있다. 바로 아네모네피시anemone-

알아두면 쓸모 있는 **어원잡학사전**

fish이다. 클라운피시와 말미잘이 형성하는 독특한 관계 때문에 생긴 이름이다. 클라운피시와 말미잘은 공생관계를 맺고 있다. 이들 모두 이 관계에 만족할 뿐 아니라 각자의 생존에도 중요한 관계이다. 말미잘은 자신을 깨끗이 하고 죽은 촉수를 먹어 없애는데 클라운피시를 활용하고, 클라운피시는 말미잘이 남긴 음식을 먹고 말미잘의 따가운 촉수를 활용하여 포식자로부터 자신을 보호한다. 심지어 말미잘 속에서 살 수도 있다. 그야말로 완벽한 관계다! 나는 당신도 클라운피시와 말미잘의 관계처럼 지금 곁에 있는 사람과 영원히 함께하는 관계를 갖길 희망한다.

말미잘 속에 사는 클라운피시 이야기가 나왔으니 말인데 클라운피시 중 가장 유명한 친구 '니모Nemo'를 이야기하지 않을 수 없다. 니모Nemo라는 이름은 "아무도 아닌nobody"을 뜻하며, 이는 조그만 니모가 얼마나 외롭게 바다에 갇혀 있게 되는지를 표현한 것이다. 니모라는 이름은 위험천만한 수중 모험에 자주 연루되는 쥘 베른의 소설 속 캐릭터의 이름을 딴 것이다. 바로 네모 선장*이다.

- 프랑스 소설가 쥘 베른의 소설 중 《해저 2만리》와 《신비의 섬》에 등장하는 인물

✒ DOGFISH

개와 닮은 점은?　　　　　　　　　　　　　　　　　　○

캣피시catfish(메기)가 왜 이런 이름인지는 안다. 그들은 고양이처럼 수염이 있고, 거대한 큰 무리와 집단을 형성하지 않고, 심지어 물에서 나올 때는 갸르릉거리는 소리까지 낸다고 알려져 있다. 그렇다면 도그피시dogfish(곱상어)라 불리는 생선은 어쩌다 생겨났을까?

그들은 개처럼 짖지도 않는다. 당신 또한 그 물고기를 무릎 위에 올려두고 끌어안고 싶다는 생각을 하지 않을 것이다. 반려견들이 보일 법한 성향 때문이라기보다 오히려 늑대와 비슷한 성향을 지녀서 지금의 이름을 얻게 되었다. 또한 도그피시는 실제로 개와 늑대가 사냥하듯이 떼를 지어 사냥한다고 알려져 있다.

이름과 관련한 또 한 가지 사실은 도그피시 낚시에서 아이디어를 얻어 도그피시라는 이름을 지었다는 점이다. 낚시꾼들 사이에서 도그피시는 종류를 가리지 않고 낚시 훅 끝에 달린 미끼를 거의 다 먹는다고 알려져 있다. 이러한 식습관이 개를 떠올리게 한 것이다. 특히 점심을 먹을 때 나의 반려견들이 나를 바라보던 그 귀여운 눈을 생각하면 그 이름이 충분히 이해된다.

◭ LOBSTER

바다의 메뚜기   ○

로브스터lobster는 아마도 해저에 살고 있으며 우리 저녁 접시에
오르는 신기한 생명체 중 하나일 것이다. 갑각류이기 때문에 과
학자들은 로브스터가 사실상 생물학적으로는 불멸하는 동물이
라 믿고 있다. 죽는 유일한 방법은 다른 동물에 의해 죽임을 당
하거나, 우리 인간들이 뜨거운 물이 든 냄비에 그들을 집어넣는
것 등이다. 그들의 눈자루나 타닥타닥 걷는 발을 보면 수중 벌
레 같아 보인다. 로마인들도 이 동물의 이름을 붙일 때 이들을
벌레 같다고 생각했던 것 같다.

    라틴어로 이 친구들은 로쿠스타locusta이지만 이 이름의 기
원은 알지 못한다. 물론 이것으로 이름에 대한 이야기를 끝맺
는 것은 아니다. 그렇다면 매우 재미가 없을 테니까. 여기서 흥
미로운 점은 로마 시대에 로브스터와 완전히 동일한 이름의 동
물이 하나 더 존재했다는 것인데, 바로 로쿠스트locust(메뚜기)이

다. 로마인들은 로쿠스트를 로쿠스타라고도 불렀기 때문에 로브스터와 비교해서 로쿠스트라는 이름은 라틴어 명칭에 매우 가깝다. 이토록 비슷한 이름을 가졌지만, 다행히 로브스터는 날지 못하고 이집트에서 발생했던 큰 혼란과 '떼 재앙•'을 일으키지도 않았다.

또 하나 흥미로운 점은 라틴어 로쿠스타를 이름으로 하는 첫 번째 주인은 로브스터였다. 이름으로 본다면 이 두 생물은 형제지간이라 할 수 있다. 그렇다면 메뚜기는 육지의 로브스터이고, 로브스터는 바다의 메뚜기라고 볼 수도 있지 않을까?

◈ OCEAN SUNFISH

맷돌을 닮은 태양을 사랑하는 물고기 ○

오션 선피시ocean sunfish(개복치)는 내가 제일 좋아하는 생선 중 하나이다. 독특한 생김새와 느긋한 성질 때문에 이들을 싫어하기란 쉽지 않다. 몸 길이만큼이나 늘어날 수 있는 배 모양 때문

• 이집트 지역에는 메뚜기 떼가 창궐하여 식량난 등의 문제가 있었다.

에 이들이 얼마나 큰지 알기 어렵다. 사실 오션 선피시는 세계에서 가장 무거운 경골어류다. 그들보다 더 크고 무거운 생선이 있긴 하지만 오션 선피시는 뼈가 아닌 연골로 이루어져 있고, 다른 생선보다 더 많은 연골을 갖고 있다.

오션 선피시의 이름 중 "오션ocean(해양)"과 "피시fish(생선)" 부분은 쉽게 이해가 되지만 "선Sun(태양)" 부분은 무슨 관련이 있을까? 처음 떠오른 생각은 둥근 몸과 지느러미였다. 이는 마치 태양이 광선을 내뿜는 모습을 그린 것처럼 보인다. 이런 모습이 이름에 영향을 미쳤을 수 있겠지만 사실 오션 선피시가 태양을 매우 사랑하기 때문에 태양이라는 단어가 추가된 것일 뿐이다. 그들이 바다 표면에 뜬 채로 햇볕을 쬐며 시간을 보내는 모습을 볼 수 있다. 그들이 일광욕을 이렇게나 즐기는 이유는 바로 체온조절 때문이다. 그뿐만 아니라 이 커다란 생선이 마치 돌고래처럼 바다에서 점프하는 모습도 볼 수 있는데, 꽤 놀라운 장면이다.

다른 나라에서 오션 선피시를 지칭하는 방식에는 그들의 특이한 생김새가 역할을 했다. 독일어로 그들은 몬트피시mondfisch라 불리는데, 달처럼 생겼다고 해서 "달 생선"이라는 뜻이다. 또한 쉬비멘데르 코프트schwimmender kopf라고도 부른다. 폴란드어로는 "수영하는 머리"와 "머리만"을 의미하는 사모그워프 samoglów라 부르는데, 모두 개복치가 바다를 헤엄치는 지느러미 달린 머리와 유사하게 생겼다고 해서 붙여진 이름이다.

이 아름다운 동물에 대한 더욱 과학적인 명칭은 몰라몰라 mola mola이다. 이 이름은 그들의 생김새나 일광욕 습성에서 붙여진 것이 아니라 이들 몸의 색깔과 질감에서 붙여졌다. 'mola mola'는 맷돌을 뜻하는 라틴어에서 유래한 것으로 오션 선피시가 맷돌처럼 거친 회색 몸을 가졌기 때문이다. 맷돌 또한 예쁜 둥근 형태라는 점도 같다.

⚜ PORTUGUESE MAN O' WAR

강력한 군함을 닮았다!   ○

Man-of-war라고 쓸 수도 있지만 공식적으로는 o'이다. 그래서 of 대신 꼭 o'라고 짚어주고 넘어가야겠다. 이들은 바다뿐만 아니라 이 땅에 있는 모든 동물 중 가장 기이한 생명체 중 하나이다. 포르투기스 맨 오 워Portuguese man o' war(작은부레관 해파리)가 해파리처럼 보일 수 있지만(사실 해파리와 그리 먼 종류도 아니다)

해파리는 아니다. 사실 동물도 아니다.

포르투기스 맨 오 워는 실제로 단세포 유기체로서, 여러 개가 합쳐져 하나의 군체로 활동한다. 이 군체는 놀랄 만큼 강력한 침으로도 잘 알려져 있다. 작은 물고기나 새우를 잡고, 죽이고, 먹는 데 이 침을 사용한다. 이 생물이 매우 아름답고 매혹적일 수 있지만, 만약 이들이 해안으로 밀려 올라오거나 바다를 따라 떠 있는 것을 본다면 멀리 떨어져 있으라.

이 해파리만큼이나 이름도 치명적으로 들릴 것이다. 치명적 특성이 이름짓기에 영향을 미쳤겠지만, 그것보다는 생김새가 더 크게 영향을 미쳤다. 맨 오 워Man o' war는 16세기부터 19세기 동안 해상 전투에서 사용했던 강력한 군함을 일컫는 영국 해군 용어이다. 이 생물을 발견했을 때, 전속력으로 항해하는 포르투갈의 전함과 같다 하여 그들의 이름을 따서 포르투갈의 군함 Portugeuse man o'war이라 불렀다.

흥미롭게도, 전혀 전함처럼 보이지 않는데 '군함 생선man o'war fish'이라 불리는 물고기가 있다. 포르투기스 맨 오 워의 침에 완벽한 내성이 있는 몇 안 되는 물고기 중 하나이기 때문에 이러한 이름이 붙여진 것이다. 그 침 때문에 포르투기스 맨 오 워는 "floating terror(떠다니는 공포)"라는 별명까지 얻게 되었고, 그로 인해 이 해파리는 뻔한 1950년대 영화 제목 같은 별명을 가진 유일한 동물이 되었다.

ꕔ MARLIN

밧줄 바늘 생선 ○

클라운피시, '니모Nemo'와 마찬가지로 말린marlin도 영화에 나왔다. 하지만 말린은 니모와는 전혀 다른 물고기의 이름이다. 말린은 몸집이 훨씬 더 크고 코는 길고 뾰족하다. 스워드피시swordfish(황새치)와 비슷하게 생겼지만 그 또한 아니다. 물론 밀접한 관련은 있지만. 말린은 거대하고 아름다우며 빠르다. 그리고 맛도 좋다. 이런 이유로 낚시꾼들 사이에서 귀하게 대접받는다. 바다에서 더욱 자주 보이기는 하지만 아마 여러분은 아버지가 서점에서 사 오는 월간 낚시의 커버에서 이들을 볼 확률이 더 높을 것이다.

앞서 말했듯이, 말린(청새치)과 스워드피시(황새치)는 다르다. 하지만 스워드피시가 'sword(검劍)'에서 이름을 따온 것처럼 말린도 사정은 비슷하다. 길고, 늘어나는 사물의 이름을 따서 말린이라 불린 것이다. 처음에는 그저 'marlinspike fish(밧줄 바늘 생선)'라 불리었다가 점차 'marlin(밧줄)'만 남게 되었다. 선원들은 다양한 이유로 밧줄을 꿰는 굵은 바늘을 사용했는데 이 바늘은 커다란 크기의 재봉 바늘처럼 보였고, 가끔은 천과 같이 사용할 때도 있었다. 항해 중 매듭을 풀고, 다시 묶는 것이 이 도구의 가장 일반적인 용도였다. 그뿐만 아니라 열린 바다에서 자신을 공격하는 사람이나 사물에 맞설 때 임시방편 무기로도 사용했다. 선원들이 이 물고기의 긴 코를 봤을 때 마치 그들이 갖고 다니는 밧줄을 꿰는 바늘과 비슷하다고 생각하여 말린을 marlinspike(밧줄 바늘)라 부르게 된 것이다.

🌿 MANTA RAY

날개를 가진 물고기   ○

우리 해양에는 많은 종류의 가오리가 있다. 모두 일반적으로 평평하고 넓은 몸을 갖고 있지만 220V의 전기를 방출하는 전기 가오리도 있다. 침을 쏘는 노랑 가오리stingray의 경우에는 강력하면서도 치명적이기까지 한 강편치도 날릴 수 있다. 하지만 오늘 우리가 살펴볼 종류는 모든 가오리 중 가장 큰 만타레이Manta Ray(쥐가오리)이다.

이름의 뒷부분 레이ray는 모든 종류의 가오리 이름에 흔히 쓰인다. 하지만 이에 대해서는 할 이야기가 별로 없다. 기원을 알 수 없는 라틴어 라이아raia에서 왔다는 것이 우리가 아는 전부다. 여기서 나만의 이론을 살짝 얘기해보고 싶다. 레이는 또 다른 의미가 있는데 바로 레이 광선ray of light이다. 광선을 의미하는 레이는 라틴어 라디우스radius에서 나왔고 현재는 원의 중심에서 가장자리까지의 길이를 측정하는 수학 용어로 쓰인다. 혼자만의 엉뚱한 추측이겠지만 체형 때문에 신체 반경radius이 꽤 크다는 사실이 지금의 이름을 갖게 된 이유라고 생각할 수 있다.

이것을 충분히 이론으로 만들 수도 있겠지만 다시 팩트의 세계로 들어가 보자. 그들 이름 중 만타는 스페인/포르투갈 단어를 기원으로 한다. 이것은 몸을 덮기 위해 어깨에 두르는 긴 망토나 담요를 뜻한다. 만타레이의 거대한 "날개"가 그 망토와 비슷해 보였기 때문에 그것의 이름을 따서 만타라 불리게 되었다. 또한 만타는 이 생선 종(種)을 잡는 데 사용한 망토 형식의 덫이기도 했으니 이런 이유로 현재의 이름을 얻었다고도 볼 수도 있다.

많은 사람들이 만타레이의 입 앞에 튀어나온 2개의 지느러미가 사탄 뿔을 닮았다고 생각하여 이 생선을 (억울하지만) 악마 생선devilfish이라고 부르기도 한다.

❧ DUMBO OCTOPUS

하늘을 나는 코끼리와 같은 이름   ○

햇빛이 닿을 수 있는 곳보다 훨씬 아래에 있는 최심 해저에 사는 생물들은 햇빛이 부족하기 때문에 생존할 수 있는 다른 방법을 찾아야 했다. 이러한 생물 중 몇몇은 꿈에 나올 만큼 무시무시하다. 아귀에서부터 마귀상어, 투명한 머리를 가진 통안어등이 있다. 하지만 다행히 덤보 옥토퍼스dumbo octopus(덤보 문어)는 무서운 것과는 거리가 멀고, 오히려 귀여운 편이다.

옥토퍼스octopus라는 이름의 기원은 언뜻 봐도 알 수 있을 만큼 쉽다. 원래 옥토퍼스는 그리스어로 옥토푸스oktopous였다. 옥토퍼스의 발이 8개이기 때문에 "8"을 뜻하는 그리스어 옥토okto와 "발"을 뜻하는 포우스pous에서 나왔다. 사실 정확히 말하면 발이라기보다는 촉수지만.

사실 덤보 옥토퍼스는 귀여운 것 말고도 또 다른 특징으로도 유명하다. 바로 심해 속 헤엄을 돕는 몸 옆에 난 큰 지느러미이다. 몸 양옆에 있는 이 지느러미는 고전 만화영화 〈덤보dumbo the elephant〉에서 코끼리 덤보dumbo가 갖고 있던 큰 귀와 비슷하게 생겼다. 이렇게 해서 덤보 옥토퍼스는 하늘을 나는 코끼리의 이름을 갖게 되었다.

✍ GREAT WHITE SHARK

술책을 부리는 악당 ○

크고great 하얀white 상어shark. 세 단어를 조합하여 'great white shark'만큼 무섭고 경외심이 드는 영어 단어가 또 있을까? 이 수중 타이탄은 완벽한 사냥 기계로 진화했다. 무게는 5,000파운드 이상, 길이는 20피트까지 자란다. 영화 〈조스 Jaws〉속 대사처럼 "이 기계가 하는 일은 헤엄치고, 먹고, 새끼 상어를 만드는 일이 전부다." 하지만 백상아리의 이러한 평판에도 불구하고, 그들은 사람들이 생각하는 것만큼 나쁘지 않다. 한 해 평균 백상아리는 열댓 명의 사람을 죽인다. 물론 모든 인간의 죽음은 끔찍하지만, 한 해 인간의 손에 죽는 상어수는 약 1억 마리 정도 된다는 점을 생각하면 열댓 명은 상당히 적은 수이다.

샤크shark라는 이름의 기원은 다소 불명확하다. 가장 일반적인 견해는 쇼크schock(충격)와 비슷하게 발음되는 마야 단어 '속xoc'에서 왔다는 것이다. 하지만 우리는 이 단어가 어디서 유래했는지, 또는 무슨 의미인지 정확히 모른다. 어떤 사람들은 이 고대 마야 단어가 상어만을 의미한다 믿고, 다른 사람들은 악어와 고래를 포함한 모든 거대 수중 동물과 관련된 용어라고 생각한다. 먼저 상어만을 의미한다는 설에 대한 증거는 마야어 'xoc yee halal'과 'uayab xoc'에서 알 수 있다. 전자는 상어 이빨을 활용해 뾰족하게 만든 화살의 일종이고, 후자는 반은 사람이고 반은 상어인 반인반수 귀신과 비슷한 생명체로 여겨지고 있다.

이름의 기원을 둘러싼 두 번째 설은 "조각으로 자르다"라는 뜻의 앵글로색슨 단어 'scearan'과 함께 출발했다는 것이다. 실제로 상어가 무엇인가 갈기갈기 찢는 것을 매우 잘하지 않는가. 이러한 습성으로 인해 악당, 말썽꾼을 나타내는 용어인 'knave'를 추가하여 사전에서는 상어를 "shifting knave(협잡꾼)"라 정의하였다. "shifting(술책을 부리는)"과 "knave(악당)"를 합친 단어가 결국 'shark'로 진화했다는 것이 그렇게 말이 안 되는 일은 아니다.

그렇다면 이름 중 "great white"는 어떤가? 이와 관련해서는 이야기할 내용이 많지 않다. 그저 몸집이 커서 great이고, 몸에 하얀 부분이 많을 뿐이다. 물론 바다에는 더 흥미로운 이름의 상어들도 있지만 위엄이 느껴지는 이 생명체를 이야기하지 않을 수 없었다.

알아두면 쓸모 있는 **어원잡학사전**

05

역사적 칭호

HISTORIC TITIES

역사 전체에 걸쳐 많은 사람들이(보통 군주나 지도자들) 별명과 칭호를 얻었다. 다양한 칭호가 있을 수 있지만 우리는 여기서 "누군가 THE 무언가"의 형태를 띤 칭호들만 살펴보자. 이해가 되는지 모르겠지만 일단 시작해보면 무슨 말인지 알 것이다. 어떤 직함은 그들 생애에 걸쳐 자신이 이루어 낸 영웅적이고 놀랄 만한 업적으로 얻게 된 것이지만 글쎄… 다소 별것 아닌 이유로 얻게 된 칭호들도 있다. 어떤 흥미로운 인물들이 흥미로운 칭호를 갖게 되었는지 알아보자.

⚜ ALEXANDER THE "GREAT"

알렉산더 대왕   ○

알렉산더 대왕은 기원전 336~323세기의 마케도니아 왕이었다.
그리고 그의 통치 시기가 막 10년이 지났을 때 그에게 'great(대
왕)'라는 칭호를 안겨줄 아주 많은 업적을 이루었다.

그는 어릴 때부터 'great(대왕)'라는 칭호를 받을 자격이 있다
고 여겨졌다. 그의 아버지 필립 2세는 다름 아닌 당대 가장 유명
한 철학자 아리스토텔레스를 아들의 개인 교사로 선택했을 정
도다. 알렉산더 대왕만이 그의 아버지가 데려온 야생마 부케팔
로스Bucephalus에 올라타서 그를 길들일 수 있는 유일한 사람이
었는데, 이 행위는 힘이 아닌 지혜로 가능했다. 알렉산더는 말이
그저 자신의 그림자를 두려워하고 있다는 사실을 깨달았고(그
렇다, 바로 거기서 이 유명한 문구*가 나왔다), 이후에 한 일이라고는

●   "Those who have the courage to conquer it are made free and those who are
    conquered by it are made to suffer until they have the courage to defeat it, or
    death takes them."
    "그것을 정복할 용기가 있는 자는 자유로워지고, 그것에 의해 정복되는 자는 그들을
    물리칠 용기가 생길 때까지 고통을 겪거나, 죽음이 그들을 데려간다"는 문구를 일컫
    는다.

알아두면 쓸모 있는 **어원잡학사전**

말이 해를 마주하도록 돌려세운 것뿐이다. 알렉산더는 또한 풀리지 않을 것처럼 보인 고르디우스의 매듭**을 풀기도 했다. 알렉산더는 다른 사람들이 풀지 못하는 모습을 보고, 그저 매듭의 가운데를 단칼에 잘라버린 것이다. 그 이후로 이 일화는 뒤집어서 생각하는 것을 보여주는 이야기가 되었다.

하지만 알렉산더를 진정한 대왕으로 만들어 준 핵심은 그의 군사적 기량이었다. 15년간의 정복 정쟁에서 단 한 차례도 패한 적이 없었다. 군사 전술이 매우 훌륭하여 지금까지도 군대에서 이를 연구하고 있다. 사실 알렉산더의 죽음은 여전히 수수께끼로 남아있다. 자연사라고 주장하는 사람도 있지만 중독사라고 주장하는 사람도 있다. 어떤 경우이든 간에 알렉산더 대왕은 만 32세의 나이에 사망했으나 'great(대왕)'이라는 칭호를 얻기에 충분한 업적을 이루었다.

●● 프리기아의 왕 고르디우스가 "후세에 이 매듭을 푸는 자가 아시아 전체의 왕이 될 것"이라고 예언했고, 많은 사람들이 시도했지만 풀지 못했다.

⚜ CATHERINE THE "GREAT"

예카테리나 대제   ○

알렉산더 대왕을 제외하고도 역사 속에서 여러 사람들이 '대왕'이라는 칭호를 얻었다. 이 대단한 여성 예카테리나 대제도 이들 중 한 사람이다. 예카테리나 대제는 러시아 역사에서 가장 오랜 시간 집권한 여성 군주였다. 그러나 예카테리나에게 내려진 칭호 "Catherine the Great"에서 그녀가 아주 위대하는(great) 것을 제외하면 어느 것도 사실이 아니다. 일단 그녀는 사실상 러시아인이 아니며 예카테리나라고 불리지도 않았다!

그녀는 안할프 체르프스프 공국의 공주로서 소피아Sophia라는 이름으로 1729년 프로이센에서 태어났다. 러시아의 표트르 3세와 결혼했는데, 당시 표트르는 왕이 아니었다. 이후 그녀는 제위 계승권자로 오르며 '예카테리나'라는 이름을 얻게 되었다. 좋게 표현해서 표트르 3세는 좋은 황제가 아니었다. 제대로 교육받지 못했고, 인기도 없었기 때문에 야심 차고 잘 교육 받은 그의 아내와는 정반대였다. 표트르 3세는 침실에서 아내와 매우 즐거운 시간을 보냈다는 이야기가 있다. 그런데 여기에서 즐거움이란 장난감 병정을 갖고 놀며 아내에게도 군복을 입혀 함께

놀았던 것을 말한다. 침실에서의 재미라고 했을 때 내가 무슨 말을 하고 있다고 생각한 것인가?

표트르 3세의 통치 기간은 고작 6개월 정도였고, 이후 폐위되었다. 러시아 역사에서 우리가 보았던 노동자들에 의한 쿠데타가 아니라 바로 그의 아내 예카테리나에 의한 쿠데타였다. 표트르 3세는 철부지처럼 지냈고, 예카테리나는 읽기와 공부에 더욱 힘써서 러시아에서 지지 세력을 확보해 나갔다. 러시아인들은 지난 6개월간 러시아를 통치했던 그 얼간이와는 반대로 그녀를 자신들의 통치자로 인정하고 기쁘게 받아들였다.

그녀의 덜떨어진 남편에게서 성공적으로 지배권을 가져온 것 외에도 예카테리나는 훌륭한 일을 여럿 했다. 물론 군사적인 면에서도 대개 성공을 거두었지만, 그녀의 가장 큰 업적 중 하나는 러시아에 교육과 예술을 도입한 것이다. 당시 러시아는 다소 구시대적 사고를 하는 국가로 보였다. 예카테리나는 전장에서뿐만 아니라 강의실에서도 러시아가 빛나기를 바랐다. 그녀는 상트페테르부르크에 여학생 기숙학교를 세우고 러시아 전역에 무료학교를 열었다. 본인이 그랬던 것처럼 남성이 지배하는 곳에서 어린 여학생들이 성공하는 방법을 배울 수 있기를 희망했기 때문이다. 심지어 러시아인들이 자국의 문화를 창조하고 경험할 수 있도록 러시아 전역에 극장까지 지었다. 예카테리나가 러시아에 예술을 가져오지 않았다면 톨스토이나 차이콥스키와 같은 문호들의 작품을 접하지 못했을 거라 말하는 것도 무리는 아니다. 이러한 업적으로 예카테리나는 대제라 불릴 수 있었다.

❧ IVAN THE TERRIBLE

폭군 이반 ○

러시아의 첫 번째 황제! 그는 "폭군the terrible"이었던 반면 그의 할아버지는 사실 이반 대제Ivan the Great였다. 이반 4세는 자신의 할아버지와 같은 길을 걷지 않았고, 대제가 아닌 폭군*이라는 타이틀을 얻게 되었다.

  폭군이라 불리게 된 이반의 수많은 악행이 있다. 폭군다운 면모는 어린 시기부터 시작된 것으로 여겨진다. 고작 만 3세 때 아버지를 여의고, 대공에 즉위하게 되지만 권력은 미망인이 된 그

•   Ivan the Terrible Иван IV Гро´зный(이반 그로즈니)의 영어식 표기로서 폭군 이반 또는 이반 뇌제라 번역된다.

의 어머니가 쥐었다. 그녀의 권력에 의문을 제기하는 자들을 모조리 가두었고, 이반이 아기일 때 심지어 그를 가두기도 했다. 이반은 자신의 궁전에서 옥살이를 했던 격이다. 작은 동물을 죽이는 것이 이반의 놀이 중 하나였다.

현대적 시각으로 본다면 이반의 정신 건강에 문제가 있었을 확률이 높다. 첫 번째 아내가 사망하자 이반의 정신 상태는 더욱 심각해지기만 했다. 그의 피해망상은 러시아의 노브고로드 지역의 대학살로 이어졌다. 이후 마을 사람들이 자신을 급습할 것에 두려움을 느낀 이반은 부하를 데리고 마을로 향했다. 그리고 그곳에서 수천 명을 살해했다.

전장에서의 한 차례 승리를 축하하기 위해 이반은 성 바실리 성당 건축을 명령했다. 성당이 완공되자 이보다 더 아름다운 건물을 짓지 못하도록 건축가들을 장님으로 만들어버렸다. 그야말로 끔찍한 일이다. 하지만 이 수많은 악행 중 가장 끔찍한 행동은, 순간 욱한 마음에 지팡이로 아들을 때려죽였던 일이다. 정신을 차리고 나서 자신이 한 일에 대한 충격과 공포에 휩싸이긴 했다지만, 그 후회가 이반의 여생을 좀먹었던 그 끔찍한 행동들을 만회하지는 않는다.

🗡 TIMUR THE LAME

절름발이 티무르   ○

현재의 우즈베키스탄이 있는 곳에서 1336년에 티무르가 태어 났다. 역사책에서는 불쌍하고 늙은 티무르를 다른 군사 위인들 자주 많이 이야기하지는 않아 보인다. 티무르 왕조를 창시하고 무슬림 세계, 중앙아시아, 인도의 일부 지역을 정복했다는 점에 서 여타 많은 지도자들만큼이나 대단한 인물이다. 티무르의 부 대는 약 1천7백만 명을 죽인 것으로 알려져 있는데 이는 당시 전 세계인구의 5%에 달하는 수이다. 커다란 존경을 받던 그가 1405년 알 수 없는 병으로 사망했을 때 사람들은 그의 무덤에 다음과 같은 문장을 새겼다.

"내가 이 무덤에서 나올 때 가장 커다란 재앙이 일어날 것 이다."

티무르는 결코 찌질한lame 인물이 아니었다고 말할 수 있다. 그렇다면 왜 이런 별명을 얻게 되었을까? 또는 그가 살아 있을 때 태멀레인Tamerlane˙이라 불렸던 이유는 무엇일까? 글쎄 요즘

•   이란에서의 티무리랑(Tim-ur-i Lang)이 유럽권에서 tamerlane이 되어 태멀레인 또는 타메를란이라 불린다.

은 'lame'이라고 하면 뭔가 찌질하거나 형편없는 것이 더 연상 되겠지만, 실은 더 오래된 다른 의미가 있다. 원래 'lame'은 질병이나 상처로 인해 똑바로 걷지 못하는 사람이나 주체를 의미했다. 요즘은 보행에 문제가 있는 사람을 일컬을 때보다는 궁색하고 찌질한 의미로 이 단어를 더 많이 쓰지만, 여전히 우리는 "레임덕lame duck**"과 같은 현상을 언급할 때 절름발이의 의미로 이 단어를 쓴다.

여기서는 '절름발이'의 뜻으로서 'Timur the lame'이라는 별칭이 나왔다. 많은 전투와 전쟁에서 다친 티무르의 몸과 다리 때문에 만들어진 말이다. 그의 시신은 1941년 러시아 고고학자에 의해 발견되었다. 오른쪽 다리에는 회복 흔적이 있는 상처 2개가 있었고, 오른쪽 손가락은 두 개가 없는 채로 발견되었다.

누군가가 당신을 찌질lame하다고 한다면 모욕으로 받아들이지 말고 당신을 이 군사 지도자에 빗댄 것이라 생각하라. 그래도 사실 기분은 약간 나쁠 것 같다.

●● 현직에 있던 대통령의 임기 만료를 앞두고 나타나는 일종의 권력누수 현상

❦ WILLIAM THE BASTARD/CONQUEROR

서자왕/정복왕 윌리엄 ○

그렇다. 이 윌will은 2가지 별칭을 갖고 있다. 하나는 어린 시절 놀림에서 나온 것이고, 다른 하나는 그의 가공할 만한 권력에서 나온 것이다. 1028년 프랑스에서 태어난 윌리엄의 아버지는 노르망디 공국의 공작이었지만(장엄공 로베르Robert the Magnificent라는 칭호를 얻었다), 어머니 헤를레바는 그렇게 대단한 가문의 혈통이 아니었다. 그녀가 윌리엄의 아버지를 어떻게 만나서 아이를 갖고, 출산했는지에 대해서는 알려진 바가 거의 없다. 오늘날 우리가 아는 것은 윌리엄이 사생아라는 것이다. 요즘이야 크게 문제 되지 않지만 당시에는 혼외 관계에서 아이를 갖는 것은 엄중한 문제였다. 혼외관계의 아이를 서자bastard라고 불렀고 지금도 그렇다. 이것이 어린 시절 윌리엄이 서자왕 윌리엄이라고 놀림을 받게 된 이유이다.

'bastard'라는 단어 자체는 꽤 흥미로운 어원을 갖고 있다. "안장 아들packsaddle son"이라는 뜻의 프랑스어 'fils de bast'에서 유래한 것인데, 이 말은 이동 중에 안장을 베개 대신 썼기 때문이다. 즉 "안장 아들"이란 안장을 임시방편의 침구로 사용했

알아두면 쓸모 있는 **어원잡학사전**

을 때 갖게 된 아이를 뜻한다.

　우리 모두 윌리엄이 평생 그 이름을 짊어진 채(내가 여기서 또 '짊어진다saddle'는 말을 쓴 것을 눈치챘는가?) 살지는 않았다는 것을 안다. 서자로 불리긴 하지만 어디까지나 그는 노르망디 공국 출신 공작의 아들이다. 부친이 예루살렘 순례길에서 목숨을 잃을 당시 그는 겨우 8살이었고, 그해 노르망디 공작으로 인정받았다. 윌리엄은 프랑스 역사에서 혼돈의 시기에 공작으로 성장했고, 먼 친척뻘 되는 잉글랜드의 참회왕 에드워드 Edward the Confessor와 호형호제하게 되었다. 에드워드는 윌리엄에게 잉글랜드의 왕위를 물려줄 것을 약속했다. 하지만 정작 임종이 다가오자 윌리엄 대신 가까운 동맹이었던 해럴드 고드윈슨 Harold Godwinson을 임명했고, 이에 서자 윌리엄은 분노했다.

　윌리엄과 그의 부하들은 잉글랜드를 침공했다. 악명높은 헤이스팅스 전투에서 해럴드 왕은 눈에 화살을 맞고 사망한다. 이로써 윌리엄은 잉글랜드의 첫 노르만 출신 왕이 되었고, 바로 여기서 정복왕 윌리엄이라는 훨씬 덜 모욕적인 이름을 얻게 된다.

☙ ÆTHELRED THE UNREADY

준비되지 않은 왕 애설레드   ○

우리 모두 "준비되지 않은unready 놈"이라 부를 수 있는 친구 하나쯤은 있을 것이다. 나도 친구가 약속 장소에 늦을 것을 미리 알고 일부러 늦게 나간 적이 몇 번이나 있는지 모르겠다. 하지만 이 영국의 왕은 어떻게 하다 'unready'라는 별칭으로 불리게 되었을까?

애설레드의 이름에 있는 'unready'는 그가 법정에 들어서기 위한 옷을 고르는 데 시간이 많이 걸린다 해서 붙여진 별칭이 아니다. 이 이름은 사실 고대 영어단어 'unræd'의 언어유희에서 온 것이다. 이는 "evil(악)"과 "folly(어리석음)"부터 해서 그외 많은 것들을 의미하는 단어로 알려져 있다. 하지만 가장 흥미로운 것은 이 말이 "noble counsel(고귀한 조언)"이라는 뜻의 'Æethelred' 이름과 결합하면 "bad/evil counsel(부족한/나쁜 조언자)"라는 뜻이 된다. 어떤 사람들은 심지어 그의 이름은 "well advised(제대로 조언을 받는)"을 의미하고, 그의 별칭은 고대영어 'unreed'에서 유래하여 "poorly advised(제대로 조언을 받지 못한)"을 뜻한다고 생각하기도 했다.

진실이 무엇이든지 간에 이 이름과 관련한 공통 주제는 애설레드의 재위 기간에 주변인들이 그에게 미친 영향이다. 그의 왕실 의회는 'Witan'(현인회)라 불리었는데, 여기서 그가 했던 결정 중 가장 형편없기로 유명한 것은 덴마크가 잉글랜드를 침공했을 때 했던 것이다. 덴마크인들이 잉글랜드 땅을 약탈한 이후 그곳에 자리 잡기 시작했는데 애설레드 왕은 그때가 다시 한번 덴마크 정착민들을 공격할 적기라고 생각한 것이다. 자신의 결정인지 자문단의 결정이었는지는 모르지만, 이 일은 이 결정이 얼마나 형편없었는지를 단번에 이해하게 해준다.

🌿 EYSTEIN THE FART

방귀왕 에위스테인 ○

역사에서 방귀를 뀌는 능력으로 유명해진 사람은 거의 없다. 만약 우리 조상들이 방귀 뀌는 사람들이 나오는 수많은 영상을 보고, 현대 사회에서 이것이 어떻게 인기를 얻는지 곰곰이 생각해 본다면 미래에는 방귀로 유명해지는 사람도 나올 것이다. 안타깝게도 방귀왕 에위스테인Eystein 또한 장(腸)에서 그가 만들어

내는 소리로 유명해지지는 못했다.

에위스테인은 베스트폴Vestfold(현재는 노르웨이 지역)의 고대 북유럽 왕이었다. 그는 이전에 그 지역을 지배했던 왕의 딸과 결혼하여 왕위에 올랐다. 아리 소르길손Ari Þorgilsson(그는 자신을 배운 자/현명한 자 '아리'라 칭했다)이라는 사람이 쓴 아이슬란드인의 책에 있던 왕의 목록에 에위스테인이 방귀왕the fart이라는 별명과 함께 기록되어 있다. 그저 단 한 차례 기록된 것으로 보이는 데 저자가 더 이상 언급은 하지 않았기 때문에 왜 그런 별명을 적었는지는 알 수 없다.

혹자들은 이것이 그저 번역의 문제라고 한다. 노르웨이어로 'fart'는 속도를 의미하기 때문에 에위스테인 왕은 실제로 빠른 왕 에위스테인Eyestein the Speed이였다는 것이다. 하지만 이름이 적혀 있던 그 책에는 고대 아이슬란드어로 방귀를 뜻하는 'fretr'라 기록되었다.

아리가 에위스테인을 왜 그렇게 불렀는지는 알 수 없다. 어쩌면 그 왕을 그다지 좋아하지 않는다는 이유에서 시작한 유치한 놀림이 그때 이후로 하나의 역사적 사실이 되어버린 것일 수 있다.

⚓ VLADIMIR THE IMPALER

가시 공작 블라드   ○

찔린다는 것은 분명 유쾌한 경험이 아니다. 그리고 누군가를 찔렀다는 것 또한 결코 세상에서 가장 멋진 일을 했다고 말할 수 없다고 확신한다. 그런 점에서 누군가 이러한 별명을 갖고 있다는 것은 그가 꽤 악당의 면모가 있다는 말일 것이다. 그럼 가시 공작 블라드Vladimir the Impaler의 이야기로 들어가 보자.

블라드는 현재의 루마니아에 있는 역사적 지역 왈라키아의 왕자였고 왈라키아 옆에 있는 트란실바니아에서 태어났다고 알려졌다. 적을 꼬챙이에 꿰어 죽이는 것을 매우 좋아했던 이 지역의 맹폭한 통치자였다. 미리 귀띔을 주자면 이번에는 유혈이 낭자한 이야기다. 그는 땅에 꽂아 둔 창이 몸을 관통하고 사람의 복부가 땅과 수직 또는 수평이 되게 하는 방식으로 꽂는 것을 특히 좋아했다. 이런 식으로 수천 명의 죄수를 동시에 창에 꽂아 대규모 처형을 하곤 했다고 알려지기도 했다. 더 끔찍한 것은 즉시 죽지 않은 사람들도 있다는 점이다. 죽기 전 상상도 할 수 없을 통증을 느끼며 그 상태로 살아 있었던 사람이 많았다. 이와 관련한 이야기가 있다. 타르고비스테(블라드의 수도)

외곽에서 도망쳐 온 오스만 제국 군대를 맞이한다는 이유로 블라드 3세는 몸이 뚫린 채 썩어가는 2만여 구의 시체를 그들이 지나가는 길목에 놓아두었다. 그가 사망한 후 '블라드 체페슈 Vladimir Tepes'라는 별칭을 얻게 되었는데, 이는 가시 공작 블라드를 의미한다.

별칭보다 그의 성(姓) 드라큘라가 더 유명하다고 생각할 수도 있다. 드라큘라는 부친에게서 물려받은 성이지만 사실 드라큘라는 아버지 본래의 성이 아니라 용 기사단order of dragon의 일원이 됐을 때 얻은 성이다. 그렇게 아버지의 성은 용을 뜻하는 고대 루마니아어 'drac'에서 유래한 드라큘Dracul이 되었다. 블라드 3세가 왈라키아 공이 되었을 때 "드라큘의 아들"이라는 뜻의 드라큘레아Drăculea라는 성을 갖게 되었다. 심지어 지금까지도 루마니아어 'drac'는 악마라는 의미다. 그리고 작가 브램 스토커 Brram Stoker*가 트란실바니아에 사는 악한 뱀파이어 공작을 지칭할 이름이 필요했을 때 이 이름을 가져다 썼다. 그렇게 "드라큘라 백작"이 탄생했다. 사실 진짜 드라큘라(그곳에서 태어났다는 설이 있긴 하지만)는 트란실바니아와 거의 관계가 없지만 말이다.

* 아일랜드의 소설가로서 1897년작 고딕소설 〈드라큘라〉의 저자이다.

❦ RICHARD THE LIONHEART

사자왕 리처드   ○

리처드 왕이 사자한테 심장을 이식받은 첫 번째 역사적 인물이라 사자심왕the lionheart**이라 불리는 건 아니다. 최초 심장 이식 수술은 1967년이었고, 리처드 왕의 잉글랜드 통치 시기는 1189년부터 1199년까지니깐 시간이 살짝 어긋난다.

   나의 안전을 생각하면 다행스럽게도 사자는 영국에 서식하는 동물이 아니다. 하지만 사자는 예부터 영국인들로 하여금 용기, 힘, 용맹함을 떠올리게 했다. 고유종이 아님에도 사자는 영국의 왕실 무기, 국가대표 축구팀 티셔츠에 그려져 있다. 그리고 심장heart은 매우 중요하게 여겨진다. 정신력과 용기의 징표로서 "많은 심장"을 가졌다는 말은 항상 좋은 의미로 다가온다. 그런 점에서 사자의 심장을 가졌다는 것은 꽤 대단한 일이다.

   리처드 1세는 실제로 대단한 인물이었다고 한다. 왕위에 있던 십 년 동안 엄청난 횟수의 전투에 참여했고, 그로 인해 영국보다는 해외에서 더 많은 시간을 보냈다. 프랑스가 그에게 "사

** 의미는 사자심(heart)왕이 맞지만, 일반적으로 사자왕이라고도 불린다.

자의 심장"을 의미하는 칭호인 '쿠르 데 리온Coeur-de-lion'을 주었던 것도 그의 용감무쌍한 승리 때문이었다. 그 이후 리처드 1세는 사자에 비유되었고, 영국 역사에서 사자는 깊은 존경을 받고 있다.

❦ BLOODY MARY

피의 메리   ○

잉글랜드와 아일랜드의 여왕이었던 메리 1세의 별명은 사람들이 그녀에게 계속 화가 나서 붙여진 게 아니다. 영국 독자가 아니라면 이 조크에 대해 영국인 친구에게 물어봐야 할지도 모른다. 당신을 짜증 나게 하는 무언가를 향해 "Bloody!"라고 외치는 것이 영국 제도 밖에서도 흔한 일인지 아닌지 내가 잘 모르기 때문이다.

피의 메리blood mary는 그녀의 통치 시기 동안 사람들이 흘린 피의 양 때문에 얻게 된 별칭이다. 사실 메리는 권좌에 오르자마자 사형 명령을 내렸다. 그녀의 전대 여왕이었던 제인 그레이와 남편을 반역죄로 처형한 것이다. 제인 그레이는 고작 9일간 여왕 자리에 머물다가 메리 1세에 의해 폐위되었다. '9일의 여왕'이라는 별명도 바로 여기서 나왔다.

하지만 메리 1세는 왜 그렇게 많은 사람을 죽였을까? 엄청나게 많은 사람이 역사 속에서 똑같은 이유로 사망했다. 바로 종교이다. 메리의 부친 헨리 8세는 그저 결혼 생활을 끝내기 위해 가톨릭교를 버리고 신교를 택했다. 그런데 메리 1세는 독실한 가톨릭 교도였다. 여왕이 된 메리의 주된 목표는 국교를 가톨릭으로 되돌리는 것이었다. 가톨릭에서 신교로의 개종을 거부하는 자는 모조리 메리가 선호하던 처형 방식, 화형에 처했다.

재임기간 5년 동안 메리의 명령으로 대략 300명이 조금 못 되는 사람들이 사망했다. 많은 사람이 죽긴 했지만, 역사 전체로 봤을 때는 그리 큰 수는 아니다. 그의 아버지 통치 기간만 따져도 약 5만 명이 처형당했다. 그렇다면 왜 피의 메리는 있는데 피의 헨리는 없을까? 이 별명은 그녀의 재위가 끝나고* 메리 1세보다 훨씬 사랑받았던 엘리자베스 여왕이 영국을 통치하면서 생겨났다. 홀아비가 된 스페인 출신 필립은 영국을 계속 지

• 1558년 11월 17일 사망하면서 재위가 끝난다.

배하고 싶었기 때문에 엘리자베스에게 결혼을 제안했다. 엘리자베스가 처녀 여왕the Virgin Queen이라고 알려져 있다는 사실을 보면 그 청혼의 결과가 어땠을지 알 수 있다. 그녀의 거절에 화가 난 필립은 스페인 함대를 편성하여 영국을 공격했지만, 영국 해군에게 패배했다.

이런 웃지 못할 판단 착오를 겪은 후, 선대 왕 필립은 대중들의 미움을 받게 되었고, 그와 죽은 아내 메리는 영어표현의 진흙탕으로 끌려들어 갔다. 그렇게 그녀는 피의 메리라는 별칭을 얻게 된 것이다. 진짜 피의 메리는 없을지 몰라도, 메리의 이름을 따서 만든 진한 붉은 색의 칵테일 이름과 그녀를 기리는 전승 의식으로 여전히 살아 있다. 이 글을 읽는 동안 분명 그녀의 이름을 3번은 읽었을 텐데, 지금 거울 앞에 서 있는 것은 아닐 것이라 믿는다.*

---

* 거울을 보고 "Bloody mary"를 3번(혹은 그 이상) 부르면 거울에 나타난다고 알려진 서양문화에서 전승되는 유령 Bloody mary를 의미하는 것이다.

알아두면 쓸모 있는 **어원잡학사전**

IVAYLO THE CABBAGE

양배추의 왕 이바일로   ○

마음 한편에 이 책을 질서정연하고 깔끔하게 쓰고 싶다는 생각
이 있어서 챕터별로 10개의 이야기를 다루고 싶었지만 양배추
의 왕 이바일로Ivaylo를 도무지 생략할 수 없었기 때문에 이번
편에는 11개가 되었다. 이바일로의 출생은 그저 소박한 불가리
아 농사꾼에 지나지 않았다. 하지만 그는 1200년대 불가리아의
핍박받는 소농의 삶 말고도 훨씬 많은 것들이 그의 삶에 존재한
다는 것을 깨달았다. 불가리아의 고위층이 하급 계급을 대하는
방식에 염증을 느낀 이바일로는 결국 농민 봉기를 일으켰다. 지
배계층이 그를 진압할 수 없는 수준에 이르렀을 때 그는 불가리
아의 황제가 되었다. 비록 약 1년밖에 안 되는 기간이긴 했지만.

역사 속에서 그는 불가리아의 이바일로라고 널리 알려져 있
지만 "양배추"라는 별명으로도 유명하다. 그는 이 별명을 얻음
으로써 그저 한 명의 소농으로서 했던 작은 시작을 되새기게 되
었다. 그리고 소농은 확신컨대 양배추 하나는 많이도 먹었을 것
이다. 어쩌면 양배추만 먹었을 수도 있다.

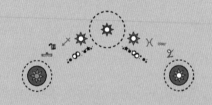

06

사물과 소유물
OBJECTS & POSSESSIONS

이 챕터의 이름을 뭐라고 해야 할지 정말 고민이 많았다. 사물? 물건? 장식품? 결국 가장 말이 되는 듯한 '사물과 소유물'로 하기로 했다. 그런데 이게 무슨 의미이며, 이 챕터에는 무엇이 나오게 될까? 글쎄, 모든 종류의 것들이 나온다. 손에 쥘 수 있는 것들부터 해서 깔고 앉을 수 있는 것, 다른 것 속에 넣을 수 있는 것들. 그리고 이 챕터의 제목처럼 우리가 소지할 수 있는 것들. 내가 생각하는 사물의 가장 결정적인 특징은 자연에서 발견한 것이 아니라 인간이 만들었다는 것이다. 사전 속 사물의 정의와 나의 정의가 완벽히 들어맞지는 않겠지만 말이다.

⚓ OTTOMAN

이상한 가구의 시작   ○

오토만ottoman은 이상한 가구다. 소파, 베개, 테이블 그 어디쯤
있다. 더욱더 특이한 점은 바로 이 물건의 명칭이다. 터키 지역
에서 출발한 과거의 오스만 제국Ottoman Empire*과 같은 이름을
쓴다. 오늘날 우리가 오토만으로 알고 있는 이 물건은 오스만
ottoman 제국 시기의 터키에서 유래한 것으로, 지금의 오토만보
다 훨씬 컸다. 초반에는 오토만이 너무 커서 방 벽으로 바짝 붙
여 긴 벤치처럼 사용했다. 하지만 점점 작아지기 시작해 이제
는 방의 모퉁이에 아담하게 들어맞는다. 누군가가 엉덩이를 내
려 앉을 때까지, 오토만은 그곳에서 참을성 있게 기다린다.

　이렇게 작은 버전으로 전 유럽에 수출되었고, 유럽인들의 엉
덩이는 그들과 사랑에 빠져버렸다. 그리고 유럽인들은 그 가구
가 온 곳의 이름을 따서 오토만ottoman이라 이름 지었다.

●　제국을 의미할 때는 '오스만'으로 표기함.

 UKULELE

당연히 하와이 출신인줄 알았는데!　　　　　　　　　　　○

하와이의 해안에서 영국의 음악홀까지 진출했고 2000년대 중후반에는 신기하리만큼 인기가 높아진 악기. 우쿨렐레ukulele보다 더 행복한 소리를 내는 악기가 있을까? 우쿨렐레 하면 가장 일반적으로 하와이가 떠오르지만 이 악기의 뿌리는 사실상 전혀 다른 섬인 포르투갈의 마데이라 제도이다. 이 유명한 현악기는 그곳에서 마체테machete라 불렸으며 매우 작은 기타처럼 생겼다. 포르투갈 이민자들이 파라다이스 섬인 하와이에 정착했을 때 이 악기를 가져왔다. 하와이 원주민들은 이 악기를 너무 사랑한 나머지 자신들만의 변형품을 만들었고, 그것이 오늘날 우리가 알고 있는 현대식 우쿨렐레다.

　이 악기는 그 전부터 이름이 있었다. 그런데 왜 하와이 사람들은 우쿨렐레ukulele라는 변형된 이름을 붙였을까? 이 이름은 그것을 연주할 때 프랫보드 근처에서 손가락이 움직이는 방식을 표현한다. 연주할 때 당신의 손가락이 현(絃)과 프랫보드 주위를 폴짝폴짝 뛰어다니는 작은 벼룩 같다 하여 "벼룩"을 뜻하는 하와이어 "uku"와 "날다, 점프하다"는 뜻의 "lele"를 합성하여 만든 말이다.

✎ AQUARIUM

물 그리고 공간   ○

"아쿠아리움aquarium•"이라 하면 동식물로 가득 찬 어항이 많은
건물이 먼저 떠오르기 때문에 내 생각에 이 사물을 표현하는 더
적절한 이름은 'fish bowl(어항)'이나 'fish tank(수조)'다. 하지
만 애완동물 전문점에 가서 아쿠아리움을 찾는다고 말하면 점
원들은 '어항'으로 단번에 알아들을 것이다.

  아쿠아리움이라는 이름은 이 제품이 나오기 전부터 존재했
던 비바리움vivarium이라는 물건에 의해 만들어졌다. 비바리움
은 파충류나 벌레처럼 육지기반의 애완동물을 담아두는 일종의
탱크이다. 비바리움은 "살아 있는"을 뜻하는 라틴어 'vivus'와
'auditorium(강당)'이나 'planetarium(천체투영관)'과 같이 무언
가를 담는 장소를 일컫는 단어에서 자주 보이는 접미사 "rium"

● 한국에서는 주로 아쿠아리움을 수족관으로 생각하지만 영어에서는 어항 또한 아쿠
  아리움으로 표현한다.

에서 나왔다.

하지만 수중 생물이 사는 곳을 표현하기에 일반적인 비바리움은 부족함이 있다. 그래서 물과 가정용 물고기를 넣을 수 있는 공간이 새로운 이름으로 탄생하였다. 비바리움vivarium의 "viva"를 없애고 "물"을 뜻하는 라틴어 아쿠아리우스aquarius를 붙인 것이다.

흥미롭게도 "아쿠아리움"이라는 단어에 더 오랜 역사를 지닌 다른 의미는 없다. 그런 면에서 이 단어는 물고기를 위한 인공적 생명의 공간이라기보다는, 그저 마치 소가 물을 마실 수 있게끔 만든 인공 연못처럼 "가축의 식수공간" 쯤으로 해석할 수 있다.

✒ PAMPHLET

낭만적인 종이   ○

우편함에 수도 없이 많은 팸플릿이 날아 들어올 것이다. 대부분 쓸모없고 재미없다. 하지만 팸플릿pamphlet의 어원은 그리 재미없지 않다.

이 작은 전단들은 그들의 이름을 있게 해준 한 연애시love

poem에 감사해야 한다. 이 시는 "팜필루스, 사랑에 관하여"라는 의미의 "Pamphilus de amore"이다. 프랑스 시지만 라틴어로 쓰여있고, 시를 쓴 시인은 누구인지 알 수 없다. 그런데도 이 시는 중세에 말도 안 될 정도로 유명했다. 작은 종이에 인쇄된 이 시는 여기저기 전달되었기 때문에 모두가 읽을 수 있었다. 매우 오래되고, 재미라고는 하나도 없는 밈이라고 상상하면 된다. 이 시의 이름은 팜필루스Pamphilus로 축약되었고 결국에는 작은 정보가 쓰인 종이를 일컫는 이름인 팸플릿pamphlet이 되었다.

✅ BIDET

화장실에선 기마자세로! ○

수년간 유럽을 방문한 수많은 관광객들의 재미와 혼돈의 원천. 비데bidet*는 보조 변기가 아니라(제발, 그냥 변기라 생각하지 마라) 세척 기계라 할 수 있다. 옷을 빨거나 접시를 닦는 물건을 세척

---

* 한국에서 주로 볼 수 있는 비데가 아니라 변기 옆에 나란히 놓여 있으며 도기로 만들어진 수동 비데를 말한다.

기계라 생각하지만 비데는 당신의 …프라이빗한 부분을 닦는 용도이다. 조금 고상하게 말해야 하지 않겠는가?

비데bidet는 프랑스어로는 조랑말이라는 뜻도 있기 때문에 그곳(?)을 닦는(미안하지만 도저히 고상할 수가 없다) 기기의 이름이라기엔 매우 괴상하다. 이 프랑스산 작은 말의 실제 품종은 안타깝게도 현재 멸종되었다. 다시 본론으로 돌아가서 최초의 세척용 비데는 기본만 갖춘 형태였고, 오늘날 보는 것처럼 고급스럽지 못했다. 땅에 있는 구멍에 불과했다. 양쪽으로 다리를 두고 그 위로 쭈그려 앉은 다음 그들이 마술을 펼칠 수 있도록 해줘야 했다. 바로 그 자세 때문에 비데bidet라는 이름이 붙여졌다. 비데 위에서 다리를 양옆으로 두는 행동은 비데라는 말을 타기 위해 그 위로 다리를 벌리고 올라 앉아있는 것과 매우 흡사하기 때문이다.

◈ COMPUTER

최초의 컴퓨터는 바로 사람　　　　　　　　　　○

우리 은하계 역사의 장대한 계획 속에서 인간이 꽤 최근작이라는 것을 생각하면 컴퓨터computer는 오죽하겠는가. 그렇기 때문에 컴퓨터가 상당히 최신 제품(마이크로소프트 윈도우Microsoft Windows가 이제 고작 30년을 넘었다)이라 생각할 수 있지만 우리가 현재 컴퓨터라 생각하는 물건 즉, 무릎 위에 올려놓거나 주머니에 넣어 두는 것보다는 사실 훨씬 오래되었다. 그리고 "컴퓨터"라는 이름은 그것보다 더 오래되었다.

정확히 무엇이 첫 번째 컴퓨터라고 꼬집어 말하기는 힘들다. 몇 가지 절차를 자동화하기 위해 일반적인 베틀에 적용하는 부착품을 만들었던 재커드 룸Jacquard Loom이 1801년 최초로 컴퓨터를 만들었다고 주장하는 사람들이 있는 반면, 어떤 사람들은 1822년 찰스 배비지Charles Babbage의 미분기 개념을 지목한다. 하지만 그는 '설계'는 했지만 그 기기를 만들지는 못했다.

그다음으로는 진정한 "첫 번째"라고 널리 알려진 봄베Bombe가 있다. 세계 2차 대전 중 독일의 암호를 풀기 위해 앨런 튜링Alan Turing이 만든 것이다. 전쟁 전 튜링은 방정식을 입력할 수 있는 기계에 관한 이론을 항상 갖고 있었고, 이것이 암호를 풀 것이라 생각했다. 또한 필요에 따라 각기 다른 기기를 사용해야 하는 것과 관련해 튜링은 과거의 기기가 하던 모든 일을 다 할 수 있는 "만능 기계Universal Machine"가 언젠가는 나오리라

알아두면 쓸모 있는 **어원잡학사전**

예상했는데, 이런 기기에 대해 들어본 것 같지 않은가? 이런 점에서 앨런 튜링이 우리가 아는 현대식 컴퓨터의 아버지라고 말할 수 있다.

하지만 우리가 컴퓨터라고 생각하는 물건이 있기 전부터 컴퓨터는 존재했다. 여기서 말하는 컴퓨터는 주머니에 넣을 수 있는 기기나 책상 위에 놓인 베이지색 사각형 물건을 말하는 게 아니다. 컴퓨터는 바로 사람이었다. 다시 말해 컴퓨터 한 대는 계산을 하고 복잡한 수학 문제를 풀 수 있는 사람 한 명이라 볼 수 있다. 그렇게 보면 이는 1640년대까지 거슬러 올라간다. 컴퓨터computer라는 명사는 "compute(계산하다)"라는 동사에서 나왔고, 이 단어는 또 "세다, 합하다, 합산하다"를 의미하는 더 오래된 라틴어 콤푸타레computare에서 나왔다. 여기서 'com'은 "함께, 같이"이고, 'putare'는 "계산하다"를 뜻한다.

컴퓨터가 다소 새로운 물건처럼 보일 수 있지만, 이름은 천 년, 그게 아니면 못해도 백 년은 된 단어에서 출발한 것이다.

✅ FENCE

무엇보다 명확한 이름 ○

펜스fence(울타리)는 모양과 크기가 다양하다. 단순한 정원 펜스에서부터 5,000km 이상의 길이로 세계에서 가장 긴 딩고펜스Dingo Fence도 있다. 이것은 성가신 딩고*들이 호주 동남부로 들어오지 못하도록 하고자 설치한 것이다. 뉴질랜드에는 전 세계에서 온 사람들이 칫솔을 걸어두고 가는 칫솔 펜스도 있다. 마치 파리에 있는 사랑의 자물쇠 다리 같기는 하지만 뉴질랜드는 조금 많이 간 듯하다.

펜스가 조금 따분한 주제처럼 보일 수 있겠지만 그 어원은 굉장하다. 어원을 들으면 펜스에 손을 올려놓고 "당연히 그렇지"라고 말하게 될 것이다. 자! 펜스가 있는 이유가 무엇인가? 예쁘게 하려고? 맞다. 담장 너머 이웃집 정원을 보며 소문을 들으려고? 그것도 맞다. 하지만 가장 중요한 것은 사람들이 당신의 사유지로 들어오는 것을 막고자 함이다. 펜스fence는 당신의 집을 지키기deFENCE위해 만드는 것이며 그 이름은 그저 'defence(방

• 오스트리아산 들개

알아두면 쓸모 있는 **어원잡학사전**

어)'를 축약한 것일 뿐이다. 'fence'가 'defence'를 위함이라니. 이름만으로도 의미가 얼마나 명확한가?

❦ GRANDFATEHR CLOCK

노래와 함께 바뀐 이름   ○

이 늙은 시간기록원을 처음부터 할아버지 시계grandfather clock (괘종 시계)라 불렸던 것은 아니다. 긴 상자에 모든 기기 장치가 담겨 있었기 때문에 롱케이스 클락long case clock이라 불렸다. 우리 모두 할아버지 시계라 하면 주로 옛 세대가 갖고 있던 물건이라 생각하지만 그렇다고 이름이 된 이유는 아니다. 사실 이 이름은 1876년에 나온 노래 때문에 만들어졌다.

이야기는 이러하다. 미국에서 온 작곡가 헨리 클레이 워크 Henry Clay Work가 잉글랜드의 노스요크셔에 머물고 있었다. 그는 호텔 로비에 우두커니 서 있는 크고 거대하지만 고장 난 시계를 보았다. 호텔 직원에게 이 시계에 관해 묻자 이전에 호텔을 경영했던 두 명의 젠킨스Jenkins형제가 소유한 물건이라 알려줬다. 그런데 형이 죽자 시계가 문제를 일으키기 시작했고, 둘째가 죽자 시계가 그 순간 정확히 멈춰 버린 것이다. 허구로 들리지만 이 이야기가 진실인지 거짓인지 아는 사람은 아무도 없다.

헨리 클레이 워크는 진실 여부와 상관없이 이 이야기를 좋아했다. 너무 좋아한 나머지 이 이야기를 담은 노래를 썼고, "내 할아버지의 시계My Grandfather's Clock"라는 제목을 붙였다. 노래는 아주 큰 성공을 이루어 수백만 개의 악보가 팔려나갔다. 이 노래의 인기와 함께 롱케이스 클락이라는 이름의 사용이 줄면서 할아버지 시계grandfather clock가 그 자리를 대신하였다.

그렇다면 이름에서 'clock(시계)' 부분은 어떤가? 시계의 어원에 기반한 노래는 없다. 종과 시계는 항상 함께 움직였기 때문에 종을 뜻하는 중세 라틴어 클로카clocca에서 'clock'이 유래했다.

✿ MATRYOSHKA DOLL

여성적인 기원을 가진 이름　　　　　　　　　　　　　○

이 작은 여성은 네스팅nesting 인형, 스태킹stacking 인형, 러시아 인형 등 여러 가지 이름을 가지고 있다. 더 큰 것이 작은 것

　　　　　　　　　　알아두면 쓸모 있는 **어원잡학사전**

을 품은(nesting) 형태이기도 하고, 포개지기(stacking)도 하고 러시아에서 온 것도 맞지만 이 인형의 진짜 이름은 마트료시카Matryoshka이다. 이 인형이 러시아의 가장 대표적인 물건 중 하나가 되었지만 역사는 러시아 국가 역사와는 비교도 안 될 만큼 짧다. 사실 우리는 인형이 만들어진 정확한 날짜와 누가 최초로 만들었는지까지 안다.

세르게이 말류틴Sergey Malyutin이 1890년 디자인하였고, 바실리 즈비오즈더츠킨Vasily Zvyozdochkin이 조각하였다. 그런데 그들은 왜 인형에 이렇게 특이한 이름을 지어줬을까? 나와 같은 영어 사용자들에게는 이상하게 들릴 수 있지만 사실 러시아에서 마트료시카는 흔한 단어이다. 전통적으로 그 인형의 주인공은 항상 작은 바부슈카babushka*였기 때문에 "작은 부인"을 의미하는 지금의 이름을 갖게 되었다. 마트료쉬카는 또한 러시아 농민들 사이에서 흔했던 마트료나Matryona와 마트리오샤Matriosha라는 여성 이름을 사용함으로써 러시아인이 된 것이다. 이 단어의 뿌리가 라틴어 마터mater이기 때문에 인형이 내뿜는 어머니의 분위기를 더욱 배가시키기도 했다.

● babushka. 러시아인 할머니를 의미한다.

요즘은 세계 지도자부터 비틀스의 멤버까지 다양한 디자인으로 이 인형이 제작되고 있다. 하지만 이 인형의 이름이나 여성적 기원은 계속해서 상기될 것이다.

◟ MORTGAGE

대출에 담긴 섬뜩한 어원 ○

모기지mortgage는 사물인가 소유물인가? 그러니까 담보 대출을 받을 때 나오는 문서는 사물이고, 문서 하나가 있으면 집 하나를 갖게 된다. 그렇게 보면 이는 꽤 큰 소유물이다. 여기에는 실로 엄청난 어원이 있기 때문에 언급하지 않고 넘어갈 수가 없다.

모기지mortgage는 프랑스 단어이다. "죽음"을 뜻하는 고대 프랑스어 'mort'와 "서약"을 뜻하는 'gage'의 합성어이다. 그렇다. 모기지에 서명한다는 것은 죽음에 대한 서약을 하는 것이다. 모기지는 대출을 전액 상환했거나, 당신이 죽어야만 끝나기 때문에 이런 이름이 붙은 것이다. 만약 당신이 대출을 받을 나이라면, 이 섬뜩한 어원에 흔들리지 마라.

또 하나 재미있는 사실은 mort라는 고대 프랑스어를 어둠의 마왕 볼드모트Voldemort의 이름 끝에서도 볼 수 있다는 점이다. 프랑스어로 그의 이름은 "죽음에서의 비상(飛上)이다. 그렇다면 담보 대출을 받는 것은 당신이 악의 마법사가 된다는 것과 거의 비슷하다. 내가 조금 과장한 것 같긴 하지만.

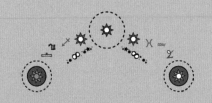

07

음식

FOODS

음식이여, 이 멋진 음식들이여! 우리 인간들은 입안에 욱여넣을 수 있는 매우 멋진 것들을 수도 없이 만들어왔다. 풍요로운 자연에서의 수확에서부터, 여러 가지 재료를 섞어 전혀 다른 음식을 재탄생시키기까지, 음식이 지금보다 더 멋질 수 없을 정도이다. 수년간 우리 배 속에 들어간 음식 중 몇 개를 골라서 그 음식이 어떻게 지금의 이름을 갖게 되었는지 살펴보자.

◀ HAMBURGER

햄버거에 햄이 들어가지 않는 이유   ○

햄버거hamburger는 전 세계가 즐기는 음식이다. 햄버거를 파는 '그' 체인점이 안 보이는 곳은 지구상에 거의 없다. 여기서 햄버거 사랑을 축하해야 하는 건지 무자비한 마케팅에 대해 들여다봐야 하는 건지 모르겠지만, 어찌 됐건 햄버거와 관련한 흥미로운 점은 이름이 햄버거인데도 '햄ham'이 없다는 것이다. 대신 소고기가 있다. 그렇다면 왜 햄버거라 부를까?

이름과 관련해 독일의 도시 함부르크Hamburg에 감사해야 한다. 하지만 단지 그것 외에도 더 많은 이야기가 있다. 함부르크 시의 이름은 수년 전에 도시에 건설된 함마부르크 성Hammaburg에서 나왔다. 부르크burg는 "성" 또는 "요새"를 뜻하지만 함마hamma의 의미는 여전히 미스터리이다. 18세기 아시아를 탐험한 독일인들은 그곳 지역민들이 소고기를 가지고 무언가를 하고 있는 모습을 보게 되었다. 안장에 소고기를 두는 것이었다. 말을 타는 동안 소고기가 부드러워져서 먹기에 더 좋았기 때문이다. 이 아이디어가 매우 마음에 들었던 독일인들은 함부르크로 돌아올 때 이 방법도 함께 가져왔고, 그렇게 해서 함부르크 고기

알아두면 쓸모 있는 **어원잡학사전**

로 알려졌다.

　많은 독일인들이 미국으로 이주할 때 그들은 함부르크 고기
도 함께 가지고 갔다. 아시아에서 독일인들이 그러했듯, 미국인
들 또한 이 고기를 사랑하게 되었다. 1884년 미국 신문에 "함부
르크 스테이크"에 대한 이야기가 실렸고, 1885년 찰리 나그린
Charlie Nagreen이 최초로 "아메리칸 햄버거"를 만들었다. 이 버거
에는 번이나 추가물 없이 고기 패티만 있었다. 번이 있는 햄버거
는 1904년 세인트 루이스의 세계박람회에서 최초로 등장했다.

　시간이 가면서 햄버거는 버거burger로 불리었고, 그 앞에 다른
단어가 붙여졌다. 소고기 버거, 치킨 버거, 그리고 당신이 나와
같은 히피족이라면 야채 버거도 말할 수 있겠다.

🥄 MAYONNAISE

장군님의 이름　　　　　　　　　　　　　　　　　　　　○

냉장고에 계란을 베이스로 하는 소스 한 병쯤은 있을 것이다.
특별해 보이지 않을 수 있다. 특히 감자튀김 위에 얹은 마요네
즈mayonnaise라는 경이로움을 모른다면 더욱 그럴 것이다. 하지

만 이 소스는 로마 역사상 가장 위대한 전쟁 중 하나인 제2차 포에니 전쟁과 관련된 이름과 역사를 갖고 있다.

포에니 전쟁은 현재의 튀니지가 위치한 카르타고와 로마 사이에 벌어진 일련의 전쟁이다. 제2차 포에니 전쟁은 카르타고의 전설적인 인물 한니발 바르카Hannibal Barca의 주도로 발발했다. 카르타고에서 로마로 향하는 여정 동안 그는 많은 전투에서 로마인들을 쉽게 무찔렀다. 그리고 수많은 부하와 코끼리를 이끌고 알프스 산맥을 넘었던 것은 아마도 가장 유명한 사건일 것이다. 하지만 사실상 로마 함락에 있어서 한니발은 패배했다. 안타깝게도 이 전투에는 한니발 혼자 있었던 것이 아니라 전투에 함께한 그의 두 형제인 하스드루발 바르카Hasdrubal Barca와 마고 바르카Mago Barca, 그리고 그들을 따르는 전 부대가 함께 있었다.

여기서 우리가 관심을 가질 인물은 바로 둘째 형 마고Mago이다. 그는 제2차 포에니 전쟁에서 살아남은 후, 메노르카 섬에 도시를 세웠고, 그 도시는 본인의 이름을 따서 마온Mahón이라 불렀다. 그 도시에서 가장 유명한(지금까지도) 수출품은 계란을 기반한 소스이다. 이 소스가 크게 유명세를 얻게 되자 소스를 수출하는 도시의 이름을 따 이 소스를 마요네즈mayonnaise라 부르게 되었다.

알아두면 쓸모 있는 **어원잡학사전**

그러니 마요네즈는 제2차 포에니 전쟁에서 활약했던 장군의 이름을 붙인 도시명에서 유래했다. 많은 곳에서 로마 역사가 미친 영향을 볼 수 있는데, 심지어 우리가 흔히 뿌리는 소스에서도 발견할 수 있는 것이다.

🌿 COTTAGE PIE

오두막 파이　　　　　　　　　　　　　　　　　　　　　　○

영국은 정말 기이한 이름의 음식들을 이 세상에 선보였다. 토드 인 더 홀toad in the hole*, 스파티드 딕spotted dick**, 버블 앤 스퀵 bubble and squeak*** 등이 있다. 굉장히 특이한 이름이지만 이름의 기원이 명확한 경우가 많지 않다. 그렇다면 우리는 특이하게 불리는 또 다른 음식인 코티지 파이cottage pie를 살펴보자.

일부 독자들은 코티지 파이 자체가 무엇인지 몰라 당황스러울 수 있다. 영국 외 지역에서 이 음식이 얼마나 유명한지 사실

---

* 　toad in the hole. 구멍 속의 두꺼비, 소시지에 튀김옷을 입혀 구워낸 요리
** 　spotted dick. 점난 성기, 안에 말린 과일이 든 스펀지 케이크와 비슷한 디저트
*** 　bubble and squeak. 보글과 피식, 으깬 감자와 양배추를 섞어 튀기는 요리

나도 잘 모른다. 다진 쇠고기에 썬 야채를 넣고, 그 위에 으깬 감자 한 겹을 덮은 후 오븐에서 굽는 맛있는 것이라 상상하면 된다. 많은 사람들이 현재 즐기고 있지만 원래 이 요리는 영국의 하층민, 노동 계급의 요리였다. 감자가 더 흔해지면서 이 "파이"가 유명해졌다.

그리고 이 노등 계급 사람들이 전통적으로 'cottage(오두막)'에 살았기 때문에 이 음식을 코티지 파이cottage pie라 부르게 되었다. 여기서 흥미로운 점은 소고기로 만든 것만 코티지 파이라 하고, 양고기로 만든 것은 양치기의 일과 관련하여 셰퍼드 파이 shepherd(양치기)'s pie라 부른다는 것이다.

✿ FRENCH TOAST

프랑스 음식이 아니었다니! ○

바로잡자! 프렌치 토스트French toast는 절대 프랑스 음식이 아니다. 최초의 프렌치 토스트 요리법은 4세기에 발견된 것으로, 로마인들이 만든 것이다. 이 요리법은 우리가 아는 프랑스의 역사보다 더 오래되었다. 로마인들은 이 요리를 판 둘치스Pan Dulcis

라 불렀고, 우유만 섞어 만들었다. 하지만 가끔 계란을 추가하여 굽기도 했다. 이러한 식사가 15세기 영국에서 다시 등장했고, 당시에는 프랑스어로 "못 쓰는 빵"이란 뜻의 팽 페르두Pain perdu로 알려졌다. 우유와 함께 구웠을 때 빵이 자주 딱딱해지고 굳었기 때문에 "못 쓰게 됐다"고 표현한 것이다. 프랑스인은 우리가 프렌치 토스트라 알고 있는 이 빵을 여전히 팽 페르두라고 부른다.

그렇다면 프렌치 토스트라는 현대의 이름은 어디서 유래했을까? 국가명 프랑스가 아니라 1724년 그것을 개발한 조지프 프렌치Joseph French라는 한 남성의 이름을 따온 것이다. 프렌치의 토스트라고 불리는 게 맞지만, 시간이 가면서 그저 프렌치 토스트로 불리게 되었다.

❦ COCONUT

유령의 이름을 가진 과일 ○

너트nut도 아니고 초콜릿chocolate도 아닌 '코코넛coconut'이란 이름은 실로 특이하다. 코코넛과 비슷하게 생긴 것들이 많은데, 그중 하나가 털이 난 볼링공이다. 하지만 그 이름은 스페인의 코코coco라는 유령 이름을 따서 만들어졌다. 영어권자들에게 보기맨Bogeyman[*]처럼 스페인어권 사람들에게 코코는 무서운 존재다. 많은 스페인 아이들은 말 안 들으면 코코가 온다는 이야기를 자주 들었을 것이다.

16세기와 17세기의 스페인 선원들이 털 난 공처럼 생긴 이 과일(사실상 핵과(果)에 속한다)을 우연히 보고는 한쪽 끝에 있는 세 개의 구멍이 코코의 얼굴처럼 생겼다고 생각했다. 그래서 선원들은 이것을 코코넛이라 불렀다. 또한 코코넛의 세 점이 만드는 표정 때문에 스페인과 포르투갈어로 코코coco는 "활짝 웃거나 찡그린 얼굴"을 의미하기까지 한다. 나는 사실 코코넛의 "얼굴"이 귀엽다고 생각하지만 말이다.

🌱 KUNG PAO CHICKEN
궁의 수호자가 만든 치킨   ○

이 중국 요리는 만화 속 악당들이 얼굴에 펀치를 맞을 때 나오

---

[*] 한국의 경우 우는 아이에게 '호랑이' 온다고 하듯이 아이들에게 겁줄 때 들먹이는 귀신

는 단어와 비슷한 이름을 가진 유일한 음식이다. 하지만 이 동양 요리의 이름은 만화책 페이지에서 나온 것이 아니라 역사책의 한 페이지에서 나왔다.

중국어로 이 요리는 궁바오지딩(宮保鸡丁)이라 불리는데, 1820년에 태어난 중국의 총독 딩 바오전Ding Baozhen에게서 유래한 이름이다. 그가 강에 빠졌을 때 지나가던 사람 덕분에 운 좋게 목숨을 구했다는 이야기가 있다. 어린 딩은 자라서 중국의 관료가 되고, 관직의 칭호는 "궁의 수호자"라는 뜻의 궁보(宮保)였다. 그는 나이가 든 후 어린 시절 자신의 목숨을 구해준 남자의 집을 방문했다. 그곳에서 평소에 매우 좋아했던 닭 요리를 대접받았는데, 자신을 찾아오는 손님들에게도 이 요리를 대접하고 싶어서 그에게 요리법을 물었다. 이후 이 요리는 매우 유명해지면서 그를 떠올리게 했고, 결국 그의 칭호인 '궁보'를 따서 궁바오지딩(宮保鸡丁)이라는 이름이 붙었다.●● 그리고 영어로는 쿵 파오 치킨Kung Pao Chicken이 되었다.

●● 관직칭호에 작고 네모나게 썬 닭고기를 뜻하는 '지딩(鸡丁)'을 붙여서 궁바오지딩이 된다. 한국에서는 궁보계정 또는 궁보기정이라 부르기도 한다.

✔ AVOCADO

알고는 좋아하기 힘든 과일   ○

전 세계의 젊은이들이 좋아하는 과일. 그대로 먹기도 하고, 토스트에 펴 발라 먹기도 하는 이 과일의 인기는 식을라치면 부활하는 모습이다. 방사능에 오염된 땅이 사람이 살 수 있는 곳으로 회복되기를 기다리며 방사성 낙진 대피소에서 이 글을 읽을 때쯤 되면 아보카도avocado 붐이 가라앉았을 수도 있다.

아보카도는 자랄 때 배 같기도 하고, 심지어 오이 같기도 하다. 하지만 사람들이 아보카도와 닮았다고 생각하는 또 다른 것…. 바로 고환에서 아보카도의 이름이 나왔다. 아스텍인들은 이 과일의 생김새가 남성의 아래 달린 과일을 떠올리게 한다 하여 나와틀어로 고환을 뜻하는 아후아카틀ahuácatl이라 불렀다. 또한 파충류와 관련된 이름도 있다. 과일 껍질이 악어의 비늘 같다고 생각하여 악어배alligator pear라 부르기도 했다.

아보카도를 먹는 가장 흔한 방법 중 하나는 과카몰리guacamole로 먹는 것이다. 과카몰레의 원래 이름은 아후아카몰리ahuacamolli로서 이 단어 역시 나와틀어이다. 아후아카몰리는 앞에서 언급한 이름인 아후아카틀ahuácatl과 "소스"를 의미하는 몰리

molli를 합성한 단어이다. 그렇다면 '과카몰리'는 '고환 소스'가 된다. 자 이제 맘껏 먹어보자.

ANZAC BISCUITS

달콤하지 않은 역사의 비스킷   ○

비스킷이라는 이름은 지역마다 의미하는 바가 다르다. 미국에서의 비스킷은 빵과 같으며 일종의 스콘이다. 그리고 영국, 호주 그리고 뉴질랜드에서의 비스킷은 달달한 과자다. 웬만하면 (이 저자의 취향이지만) 차에 담갔다 먹는다. 앤작ANZAC 비스킷은 이런 종류의 비스킷이다.

비스킷은 달콤하지만, 안타깝게도 이 비스킷의 역사는 달콤하지 않다. 제1차 세계대전 중 1915년 호주와 뉴질랜드 군인들이 터키에 상륙하여 갈리폴리 전투에 참여했다. 당시 두 국가의 군인들은 "Australian and New Zealand Aarmy Corps(호주 뉴질랜드 연합군)"의 약자를 따서 ANZAC이라 불리었는데, 갈리폴리 전투에서 호주 · 뉴질랜드 군인의 첫 대규모 사상자가 발생했다. 쉽게 만들 수 있는 이 비스킷을 본국에서 만들어 군인들에게 보냈고, 빵 바자회에서 제품을 팔아 전쟁과 자선을 위한 기금 마련을 도왔다.

매년 4월 25일, 두 국가는 전투와 복무 중 목숨을 잃은 모든 군인을 기리는 앤작일ANZAC day을 기념하며, 그들을 기억하고자 앤작ANZAC 비스킷도 굽는다.

YOGURT

터키에서 온 농축된 우유　　　　　　　　　　　　　　　　○

잠깐, 요구르트yogurt도 음식일까? 이 챕터는 음식에 관한 것인데 요구르트는 액상에 더 가깝지 않은가? 하지만 문화적으로 그것을 음식이라 정했으니 여기서도 그렇게 하자. 전 세계 수십억명의 사람들이 먹는 이 음식은 요구르트yogurt라 하여 터키에 뿌리를 두고 있다. 이름의 'urt'부분은 명확하지 않지만 "yog" 부분은 "농축"을 뜻하는 터키어 'yog'에서 나왔다. 즉 요구르트는 농축된 우유의 일종이다. 그런데 고대 로마·그리스·이집트와 같은 곳에서 터키인들보다 먼저 요구르트를 먹었다. 그때는 "산성 우유"라는 뜻의 옥시갈라oxygala라 불리었다.

이 음식이 영어에 들어온 것은 1600년대이다. 여행 작가 사무엘 퍼차스Samul Purchas가 터키인들이 우유를 마시는 방법에 대해 말하며 그들은 우유를 시게 만들고 그것을 "요구르드yoghurd"라 부른다고 덧붙였다. 시간이 가면서 이는 오늘날 우리가 아는 영어 이름 '요구르트'가 되었다.

✔ DONER KEBAB

회전하는 아름다운 음식 ○

도너 케밥doner kebab은 당신의 토요일 밤이 얼마나 깊어가느냐에 따라 끔찍할 만큼 아름다운 음식이다. 케밥kebab이라는 단어는 단연 터키를 기원으로 하며 케밥용 고기를 준비하는 과정을 나타내는 "roast(굽다)"라는 뜻이다. 케밥은 여러 가지 방법으로 만들 수 있기 때문에 다양한 이름이 '케밥' 앞에 붙는다. 한 가지 예가 꼬챙이에 고기를 꽂는 방식인 쉬쉬shish 케밥이다. 'shish'는 검이나 꼬챙이를 뜻하는 터키어 şiş에서 나왔다.

그렇다면 도너 케밥에서 '도너doner'는 무슨 뜻일까? 이 역시 터키 단어로서 "회전한다"는 뜻의 되네르döner에서 나왔는데,

이는 회전하는 작대기 위에서 도너 케밥의 고기를 요리하기 때문이다. 이 음식이 영어권에서 매우 유명해지면서 외ö가 오o로 바뀌고 지금까지 그렇게 굳혀졌다.

08

장난감과 게임

TOYS & GAMES

어린 시절에는 새 장난감을 받는 것만큼 더 신나는 일은 없을 것이다. 생일 선물로든, 자주 못 보던 가족이 주는 선물이든 새로운 놀 거리가 생길 때의 흥분은 어린 시절 최고의 순간이다. 어른이 되어서도 여전히 장난감을 가지고 노는 사람이 있고(내 이야기를 하는 건 절대 아니다) 내 가족 중에는 내가 어릴 적 레고를 밟았을 때 그랬던 것처럼, 아직도 그런 일로 화를 내는 사람이 있다. 장난감과 게임은 지나가는 아이(성인도 마찬가지지만)의 시선을 끌고자 신나는 이름이 있어야 한다.

LEGO

이름값을 하는 블록 ○

현대식 레고Lego 블록이 1958년에 완성되었고, 그 이후로도 변하지 않았다. 완벽한 것을 바꿀 이유가 뭐가 있겠는가? 그때 이후로 우주선, 섬나라, 동물, 심지어 실재하는 랜드마크를 만들수 있는 이 블록은 세계 곳곳에서 팔려나갔다. 하지만 레고라는 이름은 레고의 블록들보다 훨씬 오래되었다.

레고 그룹은 1932년 덴마크에서 창립되었다. 당시 전통 나무 장난감을 만들었던 이 회사의 이름은 "잘 놀다"를 뜻하는 2개의 덴마크어 'leg'와 'godt'의 합성어로 만들었다. 이는 자사의 장난감을 가지고 잘 놀기를 바랐던 레고 사(社)의 뜻이 표현된 것이다. 이 블록이 계속 인기를 얻는 것을 보면 "잘 놀다"라는 개념이 아주 잘, 그리고 진정으로 성취됐다고 말할 수도 있겠다.

알아두면 쓸모 있는 **어원잡학사전**

❦ TEDDY BEAR

대통령의 친절로 탄생하다 ○

테디 베어Teddy bear는 그 자체로 매우 오래된 인형이다. 어릴 때 누구나 하나쯤은 갖고 있었을 것이다. 하지만 더 크게 보면 이 인형은 19세기가 돼서야 출현했다. 한 가지 더 흥미로운 점은 이 제품이 다른 두 곳에서 동시에 나왔다는 것이다. 미국의 모리스 미첨Morris Michtom과 독일의 리처드 스타이프Richard Steiff가 각각 만들었다. 이 인형은 실재하는 곰을 귀엽게 표현한 것이므로 bear(곰)라 부르는 것은 당연했다. 그렇다면 테디는 어디서 나온 것일까? 두 사람 모두 실제 존재하는 테디Teddy의 이름을 따서 붙였다. 정확히 하면 시어도어Theodore이긴 하지만.* 그는 바로 미국의 26대 대통령 시어도어 루스벨트Theodore Roosevelt 였다.

이야기는 이렇다. 루스벨트 대통령이 미시시피로 사냥 여행을 떠났을 때 일행은 곰을 발견하고 총을 쏘았지만 그는 단 한 마리도 발견하지 못했다. 그래서 대통령이 더 쉽게 사냥할 수

* Theodore의 애칭으로 Theo, Ted, Teddy가 있다.

있도록 수행원이 새끼 흑곰을 잡아다 나무에 묶어 놨다. 그런데 대통령이 이 불쌍한 곰을 보자 마음 아파하며 곰에게는 매우 불공정하고, 스포츠맨 정신에도 어긋난다고 말했다. 그리고는 곰을 다시 야생으로 풀어주라고 지시했다.

이 소식이 모든 미국인에게 전해졌고, 대통령이 새끼 곰에게 보인 친절을 기념하고자 그의 이름(별칭)을 딴 장난감 곰이 만들어졌다. 이렇게 비로소 테디 베어가 탄생한 것이다.

⚜ CHESS

체스 말에 코끼리가 있었다니! ○

체스chess는 인류 역사상 가장 오래된 게임이다. 1000년이 넘는 것으로 알려졌다. 이 게임이 어떻게 만들어졌는지에 관한 몇 가지 속설이 있지만 진정한 기원은 아무도 모른다. 하지만 체스의 어원을 이해하기 위해 우리가 따라가 볼 이야기는 인도에서 전해진다.

인도에서 하던 게임은 우리가 하던 체스와는 다르다. 이 게임은 등장하는 인도 군대의 4개의 병과를 일컬어 "4개의 무기"라는 뜻의 차투랑가Chaturanga라 부르는데, 4개의 말은 코끼리·말·전차·보병이다. 현대식 체스에는 코끼리가 없다는 것이 얼마나 안타까운지 모른다. 그리고 이름은 다르지만 차투랑가에도 왕·사제·보트가 있었다.

이 게임이 전 세계로 퍼져나가면서, 각 국가의 군대에 맞게 변하였다. 라틴어 사용권에서는 "체크 게임check' game"이라는 의미의 '루디스 스카코룸Ludis Scaccorum'으로 불리었다. 이 이름은 게임의 군사적 측면보다 체킹 기술에 더 중점을 둔 것이다. 이 게임의 "체크check●"에 대한 이름은 유럽을 거치며 만들어졌다. 유럽에서는 중세 프랑스어로 '체크'를 뜻하는 'esches'가 되었고, 체크에 대한 영어 단어는 뭐…당연히 'check'였다. 영어 단어 'check'와 중세 프랑스어 'esches'가 합쳐져 체스chess라는 이름을 갖게 되었다.

●　킹 이외의 기물로 적의 킹을 공격하는 수를 의미한다.

♦ CARD GAMES

종이로 하는 무궁무진한 놀이들   o

카드게임card game은 중국에서 왔다고 알려져 있으며 체스와 같이 약 1000년 정도 된 것으로 여겨진다. 그러나 하트·스페이드·다이아몬드·클럽이 그려진 52개의 현대식 카드 한 벌은 1300년대 무렵 유럽에서 등장한 것으로 추정된다. 이 네 가지 패턴이 가장 유명하지만, 자신들만의 세트를 가진 국가도 많다. 독일에는 도토리, 스위스에는 종이 있다. "카드card"라는 이름은 그저 "파피루스의 층"이라는 뜻의 그리스어 카르테스Khartes에서 온 것으로서 별로 재미가 없다. 그러니 '카드' 말고 이것으로 하는 몇몇 게임 이름의 기원을 살펴보자.

포커poker가 아마도 가장 많이 하는 카드 게임일 것이다. 친구와 지하실에서 하는 포커에서부터 라스베이거스의 카지노까지. 포커를 하지 않는 곳을 찾기가 힘들 정도다. 포커가 재미있는 이유는 손에 쥔 카드 패도 중요하지만 그것은 게임의 일부일 뿐이고 플레이어의 태도 즉, "포커페이스poker face" 또한 그만큼 중요하기 때문이다. 우리가 현재 포커로 알고 있는 게임은 프랑스의 카드 게임 포크Poque에서 영감을 받아 만들어졌는데, 이는 다시 독일 카드 게임 포슈피엘Pochspiel에서 이름을 따온 것이다. 이 독일 게임은 현대 포커 게임의 플레이 방식과 거의 흡사하며 "허풍"을 의미하는 독일 단어 포헨pochen에 기반하여 이름 붙여졌다. 이 프랑스 게임이 19세기 뉴올리언스의 프랑스 거리를 통해 들어오면서 이름이 포커로 바뀌게 되었다.

그리고 블랙잭blackjack이 있다. 21점에 가장 가까워야 승리하기 때문에 흔히들 "21"이라 부른다. 다양한 카드 조합으로 21을 만들 수 있지만, 스페이드 A와 스페이드 J는 더 높게 쳐준다(누군가의 말에 따르면 이 조합의 경우 추가 상금을 받는다고 한다). 당연히 스페이드가 블랙black 카드이고, J를 잭jack이라 불러서 블랙잭blackjack이라는 이름으로 알려졌다.

더 흔하고 가장 유명한 카드게임 중 하나는 아예 카드조차 없이 스크린에서 플레이하는 것이다. 카드들이 화면 쪽으로 날아가 게임이 마무리되기를 희망하며 베이지색 컴퓨터로 카드게임을 했던 때가 기억난다. 계속 말하자니 내 나이가 너무 드러나는 것 같다. 지금 이야기하는 게임은 솔리테어solitaire*인데, 이

● 솔리테어(Solitaire)는 혼자서 하는 카드 게임을 총칭하는 말로서, 마이크로소프트 윈도우 3.0부터는 클론다이크(Klondike)를 솔리테어라 칭한다.

게임은 혼자서 할 수 있는 몇 안 되는 게임 중 하나다. 솔리테어 solitaire를 한다는 건 조금 solitary(혼자 하는)하다고 말할 수 있다. 솔리테어란 이름이 붙은 바로 그것이다. solitaire는 solitary 한 게임이니깐.

❧ CLOCKWORK ROBOTS

지배자가 될 수도 있는 하인   ○

사실 로봇이 장난감은 아니지만 내가 가장 좋아하는 로봇은 허리춤에 열쇠를 꽂은 채로 커피 테이블을 뒤뚱거리며 걸어 다니는 빈티지 시계태엽 로봇clockwork robot이다. 그래서 그들을 소개하고자 한다. 그뿐만 아니라 이들은 정말 멋진 어원을 갖고 있다.

앞에서 괘종시계grandfather clock에 대해 다룰 때 'clock'이 고대 영어 'clocca'에서 진화한 것이라는 이야기를 했다. 그렇다면 'robot'은 어떨까? 로봇을 상당히 현대적인 물건이자 기계 진보의 하나라 생각하지만 이름의 시작은 1920년으로 거슬러 올라간다. 트랜스포머Transformers, 사이버맨Cybermen 심지어

〈금단의 혹성Forbidden Planet〉*에 나오는 로비 더 로봇Robbie the Robot**과 같은 것이 존재하기도 전이다.

　로봇robot은 체코어 'robotnik'이 번역되어 영어 체계로 들어왔다. 이 단어는 극작가 카렐 차페크Karel Čapek가 쓴 연극 〈로섬의 만능 로봇Rossum's Universal Robots〉에서 만들어진 말이다. 'robotnik'이란 단어는 "강제된 노동"을 의미하는 것으로서 "노예 상태"를 뜻하는 구 슬라브어 'rabota'에서 유래했다. 로봇이라는 이름은 노동자와 하인에서 따온 것인데 실제로 첫 개념이 그러하기 때문이다. 로봇은 우리를 위해 일하는 기계였다. 우리 후손들은 과거에 로봇이 우리의 하인이었다는 것을 알고 껄껄대며 웃을 것이 틀림없다. 로봇이 이 행성을 점령하고, 우리가 로봇의 장난감이 될 때 말이다. 사실, 생각해보니 그때쯤에는 그들이 우리의 웃음을 모조리 없애버릴 수도 있겠다.

* 〈Forbidden Planet〉. 1950년대 최고의 SF영화중 하나로 손꼽힌다. 빛보다 빠른 우주선을 타고 인간의 여행을 그리는 최초의 SF영화로서, SF영화의 다양한 부분을 개척했다.
** Robbie the robot. 금단의 혹성에 나온 로봇으로서, 이후에는 다양한 영화와 TV프로그램에 등장했다.

애정을 줄 수 있는 달걀 친구 ○

이렇게 나이를 공개하게 되다니. 다마고치는 1990년대의 대표
적인 장난감이다. 선생님이 압수해서 다마고치가 죽어버리는 일
이 없기를 바라며 책상 아래 넣어두고 다마고치의 밥을 줬을 것
이다. 요것들이 참 쉽게도 죽는다. 다마고치는 1990년대 일본이
전 세계에 몰고 온 대유행의 첫 흐름 중 하나였다. 1990년 후반
에는 포케마니아*가 난리도 아니었다. 아, 그리운 1990년대여.

　일본산 제품이라는 것은 '다마고치'가 일본 이름이라는 의미
다. 이 이름이 일본 단어의 합성어라는 것은 맞지만 정확히 어
떤 단어가 합쳐진 것인지는 논쟁의 여지가 있다. 인터넷 상에
서 인정받는 한 가지 의견은 이 희한한 가상의 애완동물이 계
란형의 기기에 들어있기 때문에 달걀을 뜻하는 일본어 다마고
tamago가 이름으로 사용되었다는 것이다. 그렇다면 다마고치의
'치'는 무엇일까? 이는 더 많은 논란이 있는 부분인데, 어떤 사
람들은 그저 애정을 뜻하는 일본어 '치chi'를 의미한다고 주장

●　Pokémania. 포켓몬의 인기가 급상승하는 것을 수많은 언론에서 포켓몬 고 마니아
　또는 포케마니아라 일컬었다.

한다. 이 경우 다마고치는 "애정을 줄 수 있는 달걀"이 된다. 또 다른 견해는 친구를 뜻하는 일본어 도모다치tomodachi에서 나왔다는 것인데, 이 경우 다마고치는 "달걀 친구"로도 해석할 수 있다.

하지만 "치"가 시계를 뜻하는 영어 단어 'watch'의 일본어 발음 우오치uotchi에서 나왔다는 것이 더 일반적인 견해이다. 왜냐하면 다마고치가 시간도 말해주니깐.

❦ BARBIE & KEN

첫 친구의 이름에서 시작했다 ○

바비Barbie(와 그녀의 남자친구 켄Ken)는 50년이 넘도록 아이들에게 끝없는 사랑을 받아오고 있다. 이 대단한 커플이 지구상에서 가장 유명한 장난감 중 하나임에도, 처음에 마텔 사(社)의 경영진들은 이 인형에 관심을 갖는 아이가 아무도 없으리라 생각했다. 바비는 마텔의 공동 창업자인 루스 핸들러Ruth Handler에 의해 탄생했다. 루스는 딸이 종이 인형을 가지고 노는 모습을 보고 저 인형이 입체적인 성인 인형이면 좋겠다고 생각했다. 당시에는 모든 인형이 아기나 유아의 모습이었기 때문이었다. 루스는 또 다른 공동 창업자인 남편에게 이 아이디어를 제안했지만, 남편을 비롯한 주변 동료들 모두 그 아이디어를 그다지 내키지 않아 했다.

하지만 루스와 딸이 독일을 방문했을 때, 변화가 찾아왔다. 독일에서 그녀는 우연히 빌트 릴리Bild Lilli 인형을 보게 되었고, 이것이 바비 인형의 모태가 되었다. 딸이 이 인형을 가지고 노는 것을 매우 좋아했지만, 사실 이 인형은 남성에게 선물하는 장난스러운 물건이었다. 그렇지만 딸이 인형을 매우 좋아하였고, 아이들도 어른 인형을 갖고 논다는 것을 회사 동료들에게 입증하기 위해 미국으로 돌아올 때 몇 개를 가지고 왔다. 이후 인형이 생산되기 시작했고, 그다음은 말할 것도 없다.

바비 인형은 1959년 처음 등장하여 굉장한 성공을 이루었고 단 2년 만인 1961년에 바비의 남자친구 켄이 출시되었다. 그런데 이 두 인형이 대체 어떻게 바비와 켄이라는 이름을 갖게 됐을까? 루스의 딸이 그 인형을 갖고 놀기를 좋아했다고 말했던 것을 기억하는가? 그리고 그녀의 아이들이 루스와 함께 독일에 갔다는 것도. 바로 자녀들의 이름이 바바라Babara와 케네스Kenneth였다. 두 인형의 이름은 이들 남매의 이름(본래 이름의 짧은 버전이긴 하지만)에서 온 것이다.

그런데 이 인형에게 이름말고 성(姓)까지 있다는 사실을 아는 가? 이들은 마돈나Madonna나 실Seal*처럼 하나로만 불리는 이름을 갖고 있지 않다. 모두 성명이 있었는데 바비의 성명은 바비 밀리센트 로버츠Barbie Millicent Roberts이고 켄은 케네스 카르손 Kenneth Carson이다.

✒ JIGSAW PUZZLE

퍼즐 조각을 분리한 기구의 이름   ○

퍼즐puzzle을 그저 게임의 한 종류로 볼 수 있을까? 퍼즐은 우리가 가지고 노는 많은 물건의 영역에서 독자적인 입지를 구축하였다. 의심의 여지 없이 퍼즐 중 가장 인기 있는 종류는 여러 개의 조각을 연결해서 하나의 그림을 완성하는 것, 즉 직소 퍼즐jigsaw puzzle이다.

단어 '퍼즐puzzle'의 어원을 푸는 것은 안타깝게도 우리가 풀

●   Seal. 잉글랜드 출신의 소울, R&B 가수 겸 작곡가이다.

수 없는 퍼즐이다. 그 이유는 누구도 이 단어가 어디서 왔는지 모르기 때문인데, 이야말로 진짜 퍼즐이다. 그렇다면 '퍼즐'이라는 단어는 옆으로 제쳐 두고, 직소 퍼즐이라 불리는 이유는 무엇인지 보자. 이 퍼즐을 처음 만들었을 때 평평한 나무 조각 위에 그림을 그린 후 상호 맞물리는 형태의 조각으로 나누었다. 그런데 나무를 어떻게 나누었을까? 어떤 연장을 사용해서 이 조각들을 분리하는 것일까? 전동 공구인 '직소jigsaw(실톱)' 외에는 어떤 것으로도 불가능하다.

그러면 직소는 왜 직소라고 불리는가? 글쎄, 이 기구를 사용할 때 'saw(톱)'가 위아래로 움직이고, 그 모습을 우리는 'jig'라고 표현한다. 다시 말해 직소jigsaw란 jig하는 saw인 것이다.

◈ DOMINO

검은 사제복에서 온 이름   ○

아, 피자 도미노 말고. 도미노* 게임 패는 고대 중국에서 처음

---

* 여기서의 도미노는 피스를 줄지어 세워놓는 현대식 도미노가 아니라 마작과 비슷하게 여러 개의 점이 표시된 패를 가지고 노는 게임을 일컫는다.

발견되었고, 전 세계 사람들이 하는 놀이이다. 한 개의 도미노 조각이 난파된 영국 배 메리 로즈 호의 잔해에서 발견되었지만, 세계에서 도미노의 인기가 가장 높은 지역 중 하나는 카리브 지역이다. WCDF(세계 도미노 연맹) 또한 바베이도스에 기반을 두고 있다.

하지만 도미노라는 이름은 중국이나 카리브 지역에서 나온 것이 아니라 "사제들이 입는 망토 달린 옷"을 뜻하는 프랑스 단어 'domino'에서 왔다. 이 옷이 도미노 게임과 무슨 관련이 있는지는 명확하지 않다. 아마도 눈만 내놓는 검은 사제복을 입고 있는 모습이 마치 흰 점이 있는 검은 도미노 패와 닮았던 것 같다.

✎ VIDEO GAME CONSOLE

생각보다 오래된 역사   ○

분명히 많은 사람들이 "어떻게 요즘 아이들은 장난감을 갖고 놀지 않고 비디오 게임에만 몰두할 수 있냐?"고 소리높여 불평할 것이다. 그런데 혹시 아는가? 역사에서 비디오 게임은 전혀 새로운 개념이 아니라는 사실을.

최초의 비디오 게임이라 여겨지는 것은 1958년에 만들어진 〈둘을 위한 테니스Tennis for Two〉이다. 그때 이후로 비디오 게임은 계속해서 발전하였고 아케이드 게임의 고전인 〈퐁Pong〉*과 〈스페이스 인베이더Space Invaders〉**부터 해서 1972년에는 1세대 가정용 콘솔 〈마그나복스 오디세이Magnavox Odyssey〉까지 등장했다.

비디오video, 게임game, 콘솔console이라는 단어가 어떻게 만들어졌는지에 대한 이야기가 많이 없는 것은 이들의 어원이 다소 지루하기 때문이다. 대신 게임 역사에서 가장 인기 있던 콘솔 중 몇 개를 살펴보고, 이름이 어떻게 지어졌는지를 알아보자. 과거의 콘솔 중 일부는 꽤 기계적인 이름을 가졌다. 아타리Atari 800, 코모도어Commodore 64, SG1000 등이다. 모두 가장 기본 컴퓨터로 하는 가장 기본 컴퓨터스러운 이름들이다. 그러나 게임 붐은 1983년의 비디오 게임 붕괴사건이 발생하며 멈췄다. 사건은 서구에서 비디오 게임의 종말이 될 수 있었다. 하지만 다

• 〈Pong〉. 최초의 아케이드 비디오 게임이자 최초의 스포츠 아케이드 비디오 게임 중 하나로서 탁구게임이다.
•• 〈Space Invader〉. 1978년 출시된 아케이드 게임으로 일본 슈팅 게임의 시초로 여겨진다.

알아두면 쓸모 있는 **어원잡학사전**

행히도 닌텐도가 게임 시장을 구사일생으로 살려냈다.

그들은 닌텐도 엔터테인먼트 시스템, 짧게 말해 NES라는 이름으로 1985년 미국 시장에 콘솔을 선보였다. 옛날 컴퓨터와 차별화하기 위해 'NES'라는 이름을 붙였다. 이 이름 덕분에 새로운 콘솔은 사람들이 식상함을 느꼈던 컴퓨터의 그저 다른 버전이 아니라, 온 가족이 즐길 수 있는 새로운 무언가처럼 들린 것이다. 사실 닌텐도 사는 NES가 콘솔보다는 장난감처럼 보이길 원했기 때문에 특정 게임과 호환되는 로봇을 함께 묶어서 내놓았다. 완구 가게에서는 그 제품을 장난감으로 생각해 구비해두기도 했다.

하지만 다 옛날이야기다. 비디오 게임과 그것의 이미지는 전세계에서 완벽히 바뀌었다. 지금까지 명맥을 이어오는 회사는 이제 닌텐도밖에 없다. 현재는 마이크로소프트와 소니가 최고의 비디오 게임 콘솔 제조사 대열에 합류했다. 소니는 플레이스테이션PlayStation, 마이크로소프트는 엑스박스Xbox를 보유하고 있다. 일work할 때 쓰는 지루한 이름의 워크work스테이션과 달리, 플레이play스테이션은 그 이름만으로도 이 기기를 사용했을 때 다양한 재미를 느낄 수 있을 것만 같다. 엑스박스라는 명칭은 기기 제작에 사용된 소프트웨어인 다이렉트 엑스에서 나온 것으로서 다이렉트 엑스박스가 그저 엑스박스로 변한 것이다.

　콘솔의 새 버전을 제작할 때 소니는 마치 악당 영화 시리즈처럼 이름의 끝에 숫자를 계속 더한다. 플레이스테이션 2, 3, 4⋯ 이런 식으로. 당신이 이 글을 읽을 때쯤, 어쩌면 플레이스테이션 3478기로 게임을 하고 있을지도 모르겠다. 마이크로소프트는 엑스박스 후속 제품에 조금 더 독특한 이름을 붙였다. "게이머가 엑스박스 경험의 중심에 있다"라는 뜻을 담아 엑스박스 360이라 이름 지었다는데, 일종의 광고용 멘트일 뿐이다. 또한 360 후속 제품은 엑스박스 361이 아니라 엑스박스 원Xbox One이 되었다. 콘솔이 어떻게 "모든 것을 하나에 담는 경험"을 줄 수 있는지를 보여주기 위함이라지만, 조금 전에 말했듯이 이 또한 광고용 멘트일 뿐이다.

회사와 브랜드

COMPANIES & BRANDS

이름은 세상의 모든 면에서 중요하다. 국가부터 동물, 사람에 이르기까지. 끊임없이 변하는 비즈니스 세계에서도 마찬가지다. 회사가 훌륭한 이름을 가져야 하는 몇 가지 이유가 있다. 다른 경쟁자들보다 눈에 띌 수 있고, 잠재 고객들에게 쉽게 각인될 수 있으며, 그로 인해 대중들의 의식 속으로 들어올 수 있다. 만약 한 회사나 브랜드가 제대로 된 이름만 갖고 있으면 이 지구상에 있는 대부분이 아는 이름이 될 것이 분명하다. 이러한 회사 중 몇 개를 살펴보고 그들의 상징적 이름이 어떻게 그토록 상징적일 수 있었는지도 알아보자.

THE ORIGIN OF NAMES, WORDS AND EVERYTHING IN BETWEEN

✎ APPLE

과수원에서 일했던 잡스   ○

지금 나는 애플Apple 컴퓨터로 이 책을 쓰고 있다. 지난 10여 년
간 애플이 전 세계에 미친 영향력을 못 본다는 것은 쉽지 않은
일이다. 먼저 아이팟이 있었고, 다음으로는 아이폰이 있었다. 최
초의 아이팟이 2001년 출시되었지만 애플이라는 회사는 그보
다 훨씬 옛날인 1976년 두 명의 유명한 스티브인 스티브 워즈
니악Steve Wozniak과 스티브 잡스Steve Jobs에 의해 창립되었다.
역시 그해에 스티브 워즈니악(이후 그를 워즈로 지칭하자)이 애플
의 첫 번째 컴퓨터인 애플 I을 만들었다. 이 제품은 자체 스크린
이 없었기 때문에 키보드 같기도 하면서 당시의 컴퓨터 주조 틀
에서 부러져 나온 것 같기도 했다. 텔레비전에 연결하여 TV를
스크린으로 활용하는 방식이었는데, 지금이야 흔히들 사용하는
방식이다.

애플 제품은 우리가 가진 제품 중 가장 자연스럽지 못한 것으
로서 이 지구보다는 우주선에서나 볼 법한 물건이다. 그런데 이
름은 왜 그렇게 '자연'스러운가? 지금의 이름을 갖게 된 것에 대
해 매우 기발한 견해가 있다. 하나는 아이작 뉴턴의 머리에 사

과가 떨어졌을 때 그에게 찾아온 유레카의 순간을 기념하고자 그에 대한 존경을 담아 애플이라 이름 지었다는 것이다. 또 다른 견해는 컴퓨터 계의 거물 앨런 튜링이 청산가리가 발린 사과를 한 입 베어 물고 죽었다 하여 지금의 이름을 갖게 되었다는 것이다. 그런데 청산가리가 묻은 사과가 왜 있었던 걸까? 그건 너무 무서운 이야기이고, 이 책의 분위기를 어둡게 할 것 같으니 그런 질문은 시리Siri에게 하도록 하자.

하지만 애플은 누군가를 기리기 위해서 만든 이름이 아니다. 애초에 사람의 이름이 아니라 그야말로 '사과'에서 따온 것이다. 워즈와 함께 일하며 컴퓨팅 세계로 들어가고자 노력했던 스티브 잡스(이후 그를 잡스라 부르자)는 과수원에서 시간제로 근무하고 있었다. 그곳에서 많은 양의 사과 작업을 하였고, 이 사과에서 영감을 얻었다. 잡스는 애플이라는 이름이 분명히 "재미있고 부담스럽지 않다"고 생각했을 것이다. 회사명으로 애플을 제안한 이후, 잡스와 워즈에게 더 좋은 이름 따위는 생각나지 않았다.

❦ MCDONALD'S

핫도그를 팔던 도날드의 아들들   ○

맥도날드McDonald's는 최근 들어 대중들의 매서운 눈초리를 받고 있다. "도대체 맥도날드가 우리의 입안에 뭘 집어넣고 있는 거지?"라고 스스로 질문하기 전까지 사람들은 아무런 의심 없이 맥도날드의 음식을 가족들에게 먹였다. 하지만 그들이 이런 질문을 하기 시작하면서 맥도날드는 소비자의 눈에 잘 보이기 위해 노력했고, 솔직히 말해서 잘 보였다고 생각한다. 지금도 거의 모든 곳에서 금색의 아치를 볼 수 있으니 말이다.

맥도날드는 사실상 꽤 흔한 성씨이다. 정확히 말하면 가장 대중적인 스코틀랜드의 씨족 이름 중 하나다. 하지만 그 대중성은 이 패스트푸드 체인 덕분일 수 있다. 성(姓) 맥도날드McDonald는 "도날드의 아들"을 의미하다. 그렇다면 이 패스트푸드 체인의 이름을 지은 맥도날드는 과연 누구일까?

글쎄, 사실 2명의 맥도날드가 있다. 리처드Richard와 모리스Maurice 맥도날드이다. 둘을 함께 맥도날드의 형제들이라 불렀다. 이 형제들은 1937년 핫도그 가판대에서 핫도그를 팔기 시작했다(더 이상 메뉴에 핫도그가 없다는 건 너무나 안타깝다). 바로 그때부터 그들의 음식이 점점 인기를 끌었고, 식당까지 열게 되었다. 두 형제가 기업인 레이 크로크Ray Kroc의 멀티믹서기를 구매했을 때 크로크가 식당에 방문했다. 크로크는 그곳에서 다른 곳과는 전혀 다른 식당을 보게 되었다. 한정된 메뉴, 속도와 품질에 대한 집중. 크로크는 이 식당에 마음을 뺏겼고, 맥도날드가 전국적으로 큰 성공을 거둘 것이라 그들에게 약속했다. 물론 그다음은 굳이 말하지 않아도 다 아는 이야기가 되었다.

✔ NINTENDO

화투를 만들던 회사 ○

비디오 게임의 왕! 내 팔뚝에는 슈퍼마리오와 친구들의 문신이 있다. 그래서 이번 편에서는 편애가 드러날 수도 있겠다. 닌텐도는 일본계 회사이며 간지로 任天堂(임천당)이라 쓰는데 이는 영어와 일본어 사이에서 아주 비슷하게 발음되는 글자로 번역된 것이다. 어떻게 간지에서 영어로 바뀌는지까지 시시콜콜하게 설명해당신을 지루하게 만들고 싶지 않다. 하지만 회사명이 "운을 하늘에 맡긴다", "운명의 손에 맡긴다"를 의미한다고 알려져 있다는 점은 말할 수 있다.

지금 당신이 무슨 생각을 하고 있는지 안다. 비디오 게임을 만드는 회사가 운이니 운명이니 하는 것과 관련된 이름을 갖는 이유가 당최 뭐냐고 생각할 것이다. 닌텐도가 그전에도 게임을 만들었지만, 항상 비디오 게임만 만든 것은 아니었다. 닌텐도의 창립은 사실 1889년까지 거슬러 올라간다. 세기말에 이 회사가 만든 것은 비디오 게임이 아니라 바로 카드 게임이었다. 초창기 닌텐도가 만들었던 것은 일본 고유의 카드 게임이며 오늘날까지 이어지는 '화투'였다.

시간이 가면서 이 회사는 다른 게임에 주목했다. 장난감에서부터 "게임&워치"라 불리는 소형 휴대용 비디오 게임, 아케이드 캐비넷에 이르기까지 다양했다. 아케이드 캐비넷을 만들 때 그들은 점프맨 캐릭터가 등장하는 〈동키콩〉이라는 게임을 만들었다. 이후 이 점프맨의 이름이 마리오로 바뀌었고, 그때부터 펼쳐진 일들은 더 말할 필요가 없다.

현재 닌텐도는 비디오 게임 산업에 굳게 뿌리를 내리고 있지만, 여전히 자신들만의 역사를 간직하기 위해 일본에서 화투를 제작하고 있다.

DISNEY

디즈니가 아닌 이즈니였다면?   ○

영화에서부터 TV쇼, 장난감 테마파크까지. 하우스 오브 마우스
House Of Mouse*의 손이 닿지 않은 곳이 거의 없다. 디즈니Disney
는 알다시피 회사 창립자인 월터 일라이어스 디즈니Walter Elias
Disney의 이름을 따서 붙여진 이름이다. 자, 그렇다면 디즈니라
는 이름은 어디서 왔을까?

　디즈니는 프랑스를 기원으로 하는 이름이다. 더 정확히 말하
면 노르망디 공국이다. 성은 다양한 방식으로 만들어질 수 있다.
맥도날드에서 봤듯이, 부모님과의 관계를 나타낼 수도 있다. 톰
슨Thomson이 토마스의 아들son of Thomas를 뜻하는 것이 그 예
이다. 또 다른 방식은 상인을 뜻하는 머천트Merchant와 재단사를
뜻하는 테일러Taylor처럼 직업으로 성을 붙이는 것이다. 하지만
디즈니는 이 두 가지 다 해당하지 않는다. 그저 글자 수를 채우
려고 쓴 재미있는 추가 글자였을 뿐이었다. 디즈니라는 성은 거

●　〈House Of Mouse〉. 미국 월트 디즈니사의 애니메이션으로서 ABC와 툰 디즈니에
　서 2001년 처음 방영하여 2003년에 종영되었다.

주지 이름으로 알려져 있다. 그 성을 가진 사람들이 사는 지역을 보여준다는 뜻이지만 월트 디즈니가 프랑스인이 아니란 것을 우리가 알고 있는 것처럼, 이런 방식은 그 이름이 최초로 만들어졌을 경우에 한한다.

그 성은 원래 "이즈니 출신from Isigny"을 뜻하는 디즈니D'isigny였다. 이 이름의 이즈니Isigny는 이즈니 슈 메흐Isugny-sur-Mer라는 프랑스의 작은 공동체를 일컫는데, 월트의 친척 중 처음으로 알려진 사람이 크리스포트 디즈니Jean Christophe D'isigny라는 남성이었다. 바로 여기서 이름이 진화하여 오늘날 우리가 아는 디즈니가 되었다.

✔ MICROSOFT

아주 직관적인 작명법   ○

컴퓨팅 세계의 지도자. 마이크로소프트microsoft는 컴퓨터와 거의 동의어 격이다. 하지만 컴퓨터 자체만 보면 1975년 창립된 애플과 1년 차이밖에 나지 않는 역사를 갖고 있다. 애플과 달리 마이크로소프트는 실제 컴퓨터를 제조한 것이 아니라 컴퓨터에 얹을 소프트웨어만 제작했다. 이들 이름의 "소프트soft" 부분이 나온 것도 회사의 소프트웨어software 제작 능력에 기반하고 있다.

컴퓨터를 위한 소프트웨어를 만든다면, 왜 그것을 '컴퓨소프트compusoft'와 비슷한 이름으로 부르지 않았을까? 이름의 '마이크로micro'는 어디서 온 것일까? 회사 창립자인 빌 게이츠와 폴 앨런이 제작한 소프트웨어가 너무 작아서였을까? 소프트웨어가 아주 작았던 것이 아니라 그 소프트웨어를 사용할 곳이 아주 작은micro 곳이었다. 빌 게이츠와 폴 앨런이 곧 설립할 회사와 관련한 아이디어의 틀을 잡아가기 시작할 때, 컴퓨터 알테어Altair 8800이 출시되었다.

이 컴퓨터는 당시 정말 대단했다. 하지만 소프트웨어 사용이 어렵다는 것이 흠이었다. 바로 여기서 마이크로소프트microsoft가 등장한다. 알테어 8800은 마이크로컴퓨터microcomputer라 불리는 종류의 컴퓨터였다. 그렇다. 이들은 마이크로컴퓨터를 위한 소프트웨어를 만들었던 것이다. 게이츠와 앨런은 이 두 단어의 일부를 합하여 회사명을 마이크로소프트라 지었다.

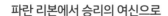

NIKE

1962년 나이키Nike는 블루 리본 스포츠Blue Ribbon Sports라는 전혀 다른 이름을 갖고 탄생했다. 멋있는 이름과는 거리가 너무 멀다고 자신 있게 말할 수 있다. 세계에서 가장 유명한 신발 브랜드가 그것보다는 조금 더 멋있는 이름을 스스로 부여해서 얼마나 다행인가.

그런데 나이키는 무슨 뜻일까? 실제로 관련된 것이 하나도 없는 이 짧고 특이하고 작은 이름은 어디서 온 것일까? 나이키가 그리스 신화에 뿌리를 둔다는 사실을 알면 매우 놀랄 것이다. 나도 그랬다. 내가 희한한 방식으로 무리하여 그리스 신화에서 기원을 끌어온 게 아니다. 실제로 나이키라 불리는 그리스 여신이 있었다.

더 잘 알려진 신이 아니라 왜 하필 이 신의 이름을 따서 신발 회사의 이름을 지었을까(제우스 신발이라는 이름이었으면 어땠을까)? 설명하자면 나이키는 승리의 여신이다. 스포츠 세계에서는 승리가 중요할 테니 스포츠 신발과 그 외 스포츠 제품을 만드는 회사가 승리의 신의 이름을 사명으로 한다는 것이 설득력 있지만, 여기에 관해서는 나를 무조건 믿지는 마라. 나는 스포츠 세계에서의 팩트는 그리 능통하지 못하다. 어찌 됐건 나이키가 정말 승리의 여신의 이름을 따서 만든 이름이라면 브랜딩 하나는 꽤 잘했다.

🌱 WWE

더 유명해지고 싶었던 이름   ○

내가 이름만큼 좋아하는 게 있다면, 그것은 두말할 필요 없이 프로 레슬링이다. 전 세계의 최대 레슬링 프로모션, 빈스 맥마흔의 세계, WWE만 있으면 레슬링 세계에서 더 이상의 광란은 없다. WWE는 세계 레슬링 엔터테인먼트World Wrestling Entertainment의 약자라고 말하고 끝내버릴 수도 있다. 하지만 지금의 이름을 얻기까지 이 회사에는 많은 역사가 있었다.

WWE는 1952년 CWC(Capitol* Wrestling Corporation)라는 이름으로 세상에 나왔다. 진짜 미국 수도인 워싱턴 DC보다 더

●   Capitol 은 미국의 주 의회 의사당을 의미한다.

크고, 당시 많은 사람이 미국의 수도로 알고 있었던 뉴욕에 기반을 두고 있었기 때문에 그렇게 이름 지었다. CWC는 더욱 외연을 넓히고 싶었기 때문에 'Capitol'로는 충분치 않았을 것이다. 그래서 1963년, 전 세계 레슬링 연합을 뜻하는 WWWF(World Wide Wrestling Federation)가 되었다. 이후 "Wide"는 떨어져 나가고 WWF만 남아서 the World Wrestling Federation이 되었다.

그렇다면 WWF에서 WWE로 바뀐 이유는 무엇일까? 이와 관련해서는 성난 판다한테 감사해야 한다. 또 하나의 유명한 WWF인 세계자연기금World Wide Fund에서 동일한 이름을 쓰는 것에 대해 법적 소송을 제기했다. 법적 절차를 밟겠다는 경고를 받으면서 WWF는 2001년 WWE가 되었다.

✔ GOOGLE

구골과 구글의 차이 ○

이건 직접 찾아볼 수 있지 않을까? 이런저런 것들을 찾기 위해 쓸 수 있는 웹사이트가 있을 것이다. 없다고? 상관없다. 그럼 내

알아두면 쓸모 있는 **어원잡학사전**

가 이야기할 테니.

구글google이라는 이름이 아기가 '할머니granny'를 말하려고 할 때 뱉어내는 틀린 발음처럼 들릴 수 있지만, 이 이름의 기원은 수학에 있다. 그런데 수학에서 그 단어는 "googol" 이라는 철자를 사용한다.

1로 시작하고, 그 다음에 100개의 0이 오는 숫자 이름이다. 써보면 이렇다.

10,000,000,000,000,000,000,000,000,000,000,000,000,-
000,000,000,000,000,000,000,000,000,000,000,000,000,-
000,000,000,000,000,000,000,000.

꽤 큰 수라고 말할 수 있다. 검색 엔진의 창업자인 세르게이 브린과 래리 페이지는 헤아릴 수 없을 정도로 큰 숫자는 사람들에게 제공할 수 있는 헤아릴 수 없을 만큼의 방대한 검색 결과를 나타낸다고 생각했기 때문에 이 숫자를 매우 좋아했고 회사 이름도 그렇게 지었다. 조금 전에 봤겠지만 사실 회사 "Google"과 숫자 "Googol"은 철자가 다르다. 회사의 철자는 ol이 아닌 le로 표기되었는데, 그것은 그저 래리 페이지가

google.com을 공개했을 때 올바르게 적혔겠거니 생각했기 때문이다. 이 단어의 철자가 실제로 무엇인지 미처 구글 검색을 못 해본 것 같다.

🐝 VESPA

말벌 소리를 내는 엔진   ○

이탈리아의 이 작은 모터 달린 자전거는 전 세계적으로 크게 인기를 얻었다. 뉴욕 시티의 피자 배달에서부터 1960년대 브라이턴 비치에서 이를 타고 달리는 모드Mod*족까지. 대부분의 사람들에게 모페드 스쿠터는 베스파Vespa와 동의어로 여겨진다.

　베스파는 생긴 모습뿐 아니라 그것이 만들어 내는 소리 때문에 유명해지기도 했을 것이다. 베스파의 엔진은 작기 때문에 오토바이나 자동차의 엔진이 만들어내는 부르릉거리는 소리와 달리, 이 모페드가 도시의 거리를 빠르게 지나갈 때 내는 소리는

● 　Mod. 깔끔하게 유행을 따른 복장을 하고 오토바이를 타고 다니던 1960년대 영국 청년을 일컫는다.

윙윙에 가깝다. 회사 이름이 엔진이 만들어내는 이 소리에서 나왔다. 이탈리아어로 베스파는 "말벌"을 뜻한다. 맹렬히 달려와서 당신의 삶에 고통을 주는 사악하고 작은 생명체 그 "말벌"이 맞다. 하지만 이 모페드는 고통을 주는 데 혈안이 되진 않은 것 같으니 그건 다행이다.

말벌에서 이름을 따온 만큼 진짜 말벌처럼 베스파는 윙윙거리는 소리를 뒤로하고 쏜살같이 달려나간다.

✒ WIKIPEDIA

이건 다시 확인해보는 게 좋겠어   ○

이 세상의 한 가지 자원이 있다고 상상해보자, 완전히 자유롭게 쓸 수 있고, 방대한 세상의 정보를 담을 수 있으며 모두가 쉽게 읽을 수 있는 언어로 된 자원 말이다. 그렇다면 이제는 이렇게 상상해보자. 누구든지 그것을 수정할 수 있기 때문에 사람들은 이 신과 같은 자원을 못 미덥다 생각하여, 사용하자니 눈살이 찌푸려진다고. 친구들이여, 바로 이것이 우리가 살고 있는 위키피디아 wikipedia 세상이다.

사실 위키피디아는 환상적인 도구이다. 솔직히 말하자면 이 책을 집필하는 데 위키피디아의 도움을 받았다. 지나치게 맹신해서는 안 되겠지만, 다른 세계로 훅 뛰어들 수 있는 굉장한 점프대와도 같다. 나는 그곳에서 몇 시간이고 보낼 수 있다. 아무튼, 위키피디아라는 이름은 어떤 것 같은가?

　이름의 뒤쪽 반 '피디아pedia'는 단순히 위키피디아의 할아버지 격인 엔사이클로피디아encyclopedia(백과사전)를 따라 했을 뿐이다. 이름의 피디아는 "교육"을 뜻하는 인도 유럽 조어인 '파이데이아paideia'에서 나왔다. 그렇다면 이 사이트 이름 중 '위키wiki'는 어떨까? 이는 "빠른"을 뜻하는 하와이어 '위키위키wikiwiki'에서 유래하였다. 사실 이 정보도 위키피디아에서 나온 것이니 다시 확인해보는 게 나을 것 같다.

10

추상명사

ABSTRACT NOUNS

이 책에서 지금까지 이야기한 명칭의 대부분은 언어학적으로 봤을 때 물질명사로 여겨질 것이다. 물질명사는 무형의 사물에 대한 명칭이다. 보고, 만지고 손에 쥘 수 있는 것. 그렇다면 추상명사란 도대체 무엇일까? 분명한 것은 얼굴에 눈이 달린 명사는 아니라는 것이다. 그건 추상미술이다. 추상명사란 실제로 존재하지 않는 무언가의 이름이다. 감정, 상태, 생각과 비슷하다. 추상명사의 정의를 조금 느슨하게 하고자 한다. 몇 가지 추상명사를 같이 살펴보자.

⚓ BANKRUPTCY

뱅크럽시bankruptcy(파산)란 좋은 일과는 거리가 멀기 때문에, 확실히 첫 시작용으로 소개하기에 그리 재밌는 단어는 아니다. 이 개념은 재미없지만, 어원은 꽤 재미있다. 뱅크럽시라는 단어 자체가 '뱅크bank(은행)'와 '럽처rupture(파열)'에서 나온 것처럼 보인다. 뱅크럽시bankruptcy 상태에 들어가는 것은 당신의 통장이 빈털터리가 되거나(rupturing) 파열되는 것(breaking)처럼 보일 수 있기 때문에 충분히 그럴듯하지만 사실 이 의미에서 만들어진 단어는 아니다.

'bankruptcy'라는 명사는 비유적 의미의 파산이라기보다는 말 그대로 '부러지는 것(breaking)'을 뜻한다. '부러진 벤치'를 뜻하는 이탈리아어 '반카 로타banca rotta'에서 나온 말이다. 옛날 한 이탈리아 상인이 시장에서 항상 같은 벤치 위에 좌판을 벌였는데, 정말 그 벤치를 일컫는 것이다. 그가 더이상 장사를 계속할 자금이 없게 됐을 때 물건을 놓고 팔았던 테이블이 두 동강이 났다. 이것이 부러진 벤치라는 뜻의 '반카로타banca rotta'였고, 이후에 영어로 'bankruptcy'가 되었다. 누군가 돈이 하나도 없을 때 "being broke(파산했다)"고 말하는 것도 이 일화에서 나왔다. 벤치가 부서진 실질적인 행위가 파산bankruptcy이라는 추상적인 개념으로 변하다니, 얼마나 굉장한 이야기인가.

GOSSIP

사실 친척들하고도 하면 안 되는 것!   ○

남 얘기를 하는 것이 좋은 행동은 아니지만 우리 모두 살다가 한 번쯤은 다른 사람의 좋지 않은 이야기를 한다. 뒤에서 누군가의 어두운 면을 들춰내는 것이 인간의 공통적인 특징인 듯하다. 가십gossip을 피한다면 아주 잘하고 있는 것이고, 당신은 분명히 나보다 훨씬 나은 사람일 것이다.

'gossip'이라는 명사(동사도 된다)는 세례에 뿌리를 둔다. 이 단어는 "godparent(대부모)"를 뜻하는 고대 영어 갓십godsibb을 기원으로 한다. 신을 의미하는 'god'과 친척을 의미하는 'sibb'을 합친 단어이다. 여기서 형제자매를 뜻하는 'sibling'이 나오기도 했다. 시간이 지나면서 갓십은 대부모뿐 아니라 그 외 가까운 친지를 일컫게 되었고, 특히 여성을 비롯한 주변의 동성 친구들과 관련해 더 많이 사용되었다. 가십이라고 하면 항상 여성을 더 많이 연상했지만 남자들이 (동성 친구들과) 누군가의 뒷말을 하는 것 또한 그만큼 끔찍한 일이라는 것을 제발 기억하자. 1500년대 들어 갓십godsibb이 "가십gossip"으로 바뀌었고, 가까운 사람과 나누는 한담을 의미하게 되었다. 이후 이 단어는 소문과 관련한 수다를 떠는 것으로 의미가 발전했다.

✒️ NIGHTMARE

귀신 꿈 꿨어? ○

악몽nightmare은 희한하고도 오래된 것이다. 그렇지 않은가? 어렸을 때는 괴물이 나타나서 우리를 공격하는 것이 가장 끔찍한 꿈이었다. 하지만 나이가 들수록 악몽의 비현실성은 점차 약해지고 더 현실에 기반하며 왠지 더 섬뜩하다. 나를 잡으려던 악몽 속의 괴물은 친한 친구나 돌아가신 친지들이 나오는 악몽으로 대체되었다. 아무튼, 오늘 밤은 다들 평안히 잠들기 바란다.

꿈이 무엇을 의미하는지, 그리고 어떻게 그런 꿈을 꾸는지는 지금도 정확히 알 수 없지만 13세기 사람들보다는 우리가 훨씬 더 많이 알고 있을 것이다. 13세기에 "나이트메어nightmare"
는 자는 동안 들이닥쳐 당신을 질식시키려는 여자 귀신이었다.
'Mare'가 암컷 말을 뜻하는 것처럼 'Mare'는 항상 여성과 관련
된 용어였다. 그러므로 나이트메어가 여자의 혼령으로 여겨지
는 것은 놀랄 일도 아니다. 시간이 지나면서 나이트메어라는 용
어는 혼령을 뜻하지 않게 되었고, 그 혼령 때문에 발생했다고
여겨진 나쁜 꿈만을 의미하게 되었다.

◆ DREAM

시끌벅적한 꿈의 세계   ○

이제 악몽에서 벗어나서 수면의 완전 반대 세계로 들어가 보자.
바로 꿈dream의 세계이다. 꿈은 극도로 행복할 수도, 극도로 괴
상할 수도 있다. 꿈은 고대 인간과 우리를 연결하는 몇 안 되는
매개체 중 하나일 것이다. 당신이 만약 과거에서 온 동굴인을
만나 그들에게 같은 언어를 가르친 후 이야기한다면 아마도 두
사람이 비슷한 경험을 이야기할 수 있는 몇 안 되는 것 중 하나
가 꿈일 것이다.

'dream'은 고대 노르드어 드라움르draumr, 덴마크어 드룀 drøm, 스웨덴어 드룀dröm과 같이 북유럽 단어에 기원하며 심지어 네덜란드어 드롬droom도 있다. 이런 모든 단어는 "소음과 시끌벅적함"을 의미하는 고대 색슨어 드롬drom 또는 "기만, 환상, 환영"을 의미하는 게르만 조어 드라우그마스draugmas에서 유래했다고 알려졌다.

'dream'이라는 단어의 흥미로운 점은 그것이 고대 영어에도 존재한다는 것이다. 하지만 이 'dream'은 우리가 수면 중 꾸는 꿈과는 아무런 관계가 없고 앞에서 언급했던 고대 색슨어 'drom'과 같이 "즐거움, 웃음소리, 시끄러운 경쾌한 소리", 그리고 "음악"을 뜻하는 것이다. 이 단어는 앵글로색슨어를 통해서 고대 영어로 들어온 것으로 보인다. 그런데 경이로운 단어 'dream'이 한때는 음악의 경이로움을 나타내는 단어였다니 얼마나 신기한가!

MEME

심오하게 시작된 이름 ○

밈meme을 과연 추상명사라 할 수 있을까? 내 말은 물론 밈을 볼 수야 있지만(점점 우리의 일상에서 더욱 많이 보인다) 제대로 밈을 파악하거나 이해하지는 못할 것이라는 뜻이다. 출력만 안 했지 완전히 *'ce n'est pas une meme*(이것은 밈이 아니다)'* 버전의 이야기다. 그렇다고 해서 밈을 이야기하지 않고 넘어갈 수는 없다. 이제 시작해보자.

현대의 인터넷 밈은 아주 다양한 장소, 무작위 사진, 영화 클립, 실제 세상에서 발생하는 일, 동물들로부터 나올 수 있다. 무엇이든지(말 그대로 무엇이든지) 온라인 밈의 대상이 될 수 있다. 그런데 이 온라인 상의 재미를 가리키는 '밈'이라는 용어는 진화 생물학자 리처드 도킨스가 저술한 《이기적 유전자The Selfish Gene》에서 처음 사용했던 1976년으로 거슬러 올라간다. 저자는 책에서 아이디어가 유기체와 같다는 개념을 가지고 여러 가지

---

* 화가 르네 마그리트의 대표작 〈이미지의 배반(La trahison des images)〉을 인용한 것으로 작품에는 파이프를 그려놓고 그 아래 'Ceci n'est pas une pipe'(이것은 파이프가 아니다)라고 적어놓았다.

를 시도하며, 만약 아이디어도 유기체처럼 진화를 통해 번식하고 돌연변이가 나온다면 무슨 일이 일어날지 궁금해했다.

도킨스는 아이디어와 유기체 모두 복제에 의존하기 때문에 두 개가 비슷하다고 생각했다. 유기체는 지속적으로 살아남기 위해 재생산에 의존하는 반면, 아이디어는 생존을 위해 뇌에서 뇌로 퍼지는 것에 의존했다. 하지만 모든 아이디어가 생존하지는 못하고 생존하는 것들은 시간이 가면서 점차 변할 수 있다. 아이디어가 살아 있는 유기체처럼 행동한다는 개념에 이름이 필요했다. 그래서 그는 "복제하는 것"을 의미하는 그리스어 미메메mimeme에서 차용했지만, 'gene(유전자)'이라는 용어와 음운을 더 비슷하게 하려고 앞에 있던 "mi"를 없앴다.

웃긴 이미지가 온라인 상에 돌아다니기 시작할 무렵, 이것이 도킨스가 말하는 밈의 개념과 비슷했기 때문에 이것을 지칭하는 단어로 '밈'이 선택되었다. 온라인 밈은 시간이 지나면서 변화하고 변형된다. 그리고 도킨스의 밈처럼 더 많이 공유될수록 더 오래 살아남는다. 물론 죽기도 한다.

DISASTER

별이 말해주는 불행 ○

왜 내가 다루는 추상명사들은 하나같이 부정적일까? 사실대로 말하면 이런 부정적인 단어들이 더 재미있는 어원을 갖고 있다. 그래서 재난disaster을 소재로 하여 이 분위기를 계속 이어 나가 볼까 한다. 재난에 포함되는 지진, 쓰나미, 화산 폭발 모두 매우 실질적인 것들이지만, 재난을 구성하는 진짜 개념은 매우 추상적인 명사이다.

영어단어 'disaster'는 고대 이탈리아어 'disastro'를 기원으로 한 프랑스어 'désastre'에서 왔다. 'dis'는 단어에 붙는 일반적인 접두사이고, 보통 부정적인 의미를 함축한다. 예를 들어 disappoint(실망), disapprove(반대하다), diss track(디스곡*)이 있다. 그렇다면 이 단어의 뒷부분 "aster"는 어떨까? 'aster'는 고대 이탈리아어로 "astro"인데 우주 느낌이 물씬 나는 단어이다.** 'disaster(재난)'이라는 개념은 천문학 세계에 뿌리를 두

---

* 주로 누군가를 비난하기 위한 목적으로 만드는 노래
** astronaut(우주비행사), astronomy(천문학), astronomer(천문학자) 등 우주 관련 단어에 많이 사용된다.

고 있다. 그리스인들은 밤하늘의 별을 "읽음으로써" 자신들의 삶과 그들을 둘러싼 세상의 대부분을 이해할 수 있다고 믿었다. 또한 별과 행성이 정렬되는 방식은 그들 앞에 펼쳐질 미래에 대해 알려주는 것이라 생각했다.

별이 고대 그리스인들에게 앞으로 닥칠 나쁜 일을 말해줄 때, 이것은 "ill-starred events(불운한 일)"라 알려져 있었다. 여기서 "ill"이 "diss"가 되고 별을 뜻하던 그리스어가 'astron'이 된 것이다. 이렇게 해서 현재 우리가 'disaster'라 부르는 단어가 되었다. 현재는 소수만이 점성술을 행하고 있지만 안타깝게도 재난disaster은 계속해서 발생하고 있다.

✒️ LOOPHOLE

성에 생긴 작은 틈   ○

주로 법적 충돌과 연루되어 벗어나기 힘들 것이라 여긴 상황에서 빠져나오는 것을 의미하는 루프홀loophole이 현재는 추상명사일 수 있지만, 사실은 매우 실존적인 것이다.

자 이제 그 실존적인 루프홀들이 무엇인지 살펴보자. 이것은 법적 문제에서 벗어나는 것과는 아무런 관련이 없고, 진짜 문제에서 벗어나는 것과 더 관련된다. 여기에서 진짜 문제란 대부분 죽음이다! 루프홀은 성의 한쪽에 세로로 난 틈을 말하는 것이었다. 이를 통해 빛과 바람을 들이고, 무엇보다 성을 공격하는 사람들을 향해 화살을 쏠 수 있었다. 하지만 이것이 반대로 활용될 수도 있었다. 기술 좋은 궁수가 밖에서 화살을 쏘아 그 틈을 통해 성에 닿을 수 있기 때문이다. 이렇게 작은 틈이 가끔 난공불락의 성을 함락시키는 유일한 방법이 될 수도 있다. 시간이 지나고 이 명궁들이 변호사가 되어 성에 유죄 판결을 내렸다. 하지만 그때의 '틈loophole'은 계속해서 틈loophole으로 남게 되었다. 물론 이름으로만.

✎ HISTORY

현명한 자의 이야기   ○

역사history란 이 우주에서 끊임없이 이어지는 것일지도 모르겠다. 역사는 과거에도 있었고, 지금 이 순간에도 만들어지고 있으며 미래에도 그러할 것이다. 과거, 현재에 발생했고 앞으로 발생할 거의 모든 것이 역사라 생각할 수 있다. 그것이 자연적으로 만들어진 것이든지 또는 인간에 의해 만들어진 것이든지 간에. 그런데 이 모든 것을 우리는 왜 역사history라 부르는가?

'history'라는 단어는 "묻다"를 의미하는 그리스어 동사 'historia'에 뿌리를 둔다. 지식과 해답을 찾는 이 단어로부터 'story(이야기)'라는 단어의 기원을 알 수도 있다. story와 history 의 관계는 이러하다. 'story'가 허구와 더 관련된 단어라면 'history'는 진실된 이야기인 경우가 많다. 정확히 말하면 우리 가 진실이라고 믿는 이야기가 많다는 것이다. 'history'는 그 철 자 안에 'story'를 담고 있기도 하다. 그렇다면 앞부분의 hi는 어 디서 온 것일까?

"hi"는 "현명한 자"를 의미하는 그리스의 'history'에서 온 것으로 여겨지고 있다. 이 단어가 통째로 지금의 'history'가 되 었다고 믿는 사람도 있다. 바로 이런 점에서 'history'라는 단어 가 공격을 받고 있다. 역사는 매우 남성 지배적이었고, 불행히 도 과거에는 (역사의 대부분) 여성들이 지금처럼 대우받지 못했 다. 그저 옆으로 비켜서서 남성들이 스포트라이트를 독차지할 수 있도록 협조했다. 이 사실은 "현명한 자"에서 history가 나 왔다는 점과, 이 단어 자체가 "his(그의)"와 "story(이야기)"의 합성어라는 점에서도 알 수 있다. 이런 이유로 1970년대에는 "허스토리herstory" 운동이 전개되기도 했다. 여성의 관점에서 다시 역사를 쓰고, 역사에서 여성의 역할을 강조해야 한다는 운동이었다.

암흑기 이후로 여성의 목소리를 높이는 데 큰 진전이 있었지만 언젠가는 'history'라는 단어가 진화하여 이런 문제까지 반영할 날이 올 것이다. 그것이 'herstory'가 됐든 'ourstory'가 됐든지 간에 우리가 했던 역할들을 인정하는 단어가 될 것이다.

✒ CLUE

괴수가 살던 미궁에서 빠져나오려면?   ○

'재난'과 마찬가지로 '실마리clue' 역시 공책, 테이프 녹음기 또는 파란 개 발바닥이 그려진 종이처럼, 물리적인 형태를 가질 수 있지만 개념은 상당히 추상적이다. 실마리란 해답을 찾는 데 도움을 주는 것이다. 그리고 어원 또한 이를 반영한다.

'clue(실마리)'라는 단어는 1500년대의 기원으로부터 사실 크게 변하지 않았다. 이 단어는 원래 'clew'였다. 실마리와 'clew'

의 가장 큰 차이는, 전자는 추상명사이지만 후자는 매우 물리적이라는 점이다. 'clew'란 실뭉치를 뜻하는 독일어 이름이다. 그런데 이 실뭉치가 미스터리 풀이를 돕는 것과 무슨 상관이 있나? 이 연결고리는 그리스 신화 속 이야기까지 거슬러 올라간다.

테세우스라는 인물이 흉포한 반인반우 미노타우로스가 사는 악명높은 미궁으로 들어가 단칼에 괴수를 무찌른다는 이야기이다. 그는 미궁에서 길을 잃지 않기 위해 그곳에 있는 동안 바닥 길을 따라 'clew'를 풀었고, 그 실은 미궁 속에서 그의 발걸음을 따라갔다. 그렇게 그는 괴수를 무찌르고 돌아 나오는 길을 찾을 수 있었다. 자신을 미로에서 빠져나오게 도와준 'clew'가 그에게 있어 굉장한 실마리였던 것이다. 이 이야기에서 유래하여 오늘날 우리가 알고 있는 실마리clue의 개념이 생겨났다.

◭ SARCASM

순살이 되다   ○

사르카즘sarcasm(비꼬다)이라는 말은 참 희한하다. 일부 국가에서는 과도하게 사용하는 느낌이 있는 반면, 다른 국가에서는 그게 무엇인지조차 모르는 듯하다. 비꼬는 것을 이해하는 핵심은 목소리 톤에 있다. 글에서 비꼬는 것을 강조하기 위해 이탤릭체로 기울여 표시하는 사람도 있지만 항상 먹히는 것은 아니다. 오히려 이렇게 쓰면 비꼬는 것인지 아닌지 헷갈리기만 한다.

사르카즘이라는 단어가 어디서 왔는지는 우리가 확실히 알고 있다. 타인을 모욕하는 세상에서 비꼰다는 것은 종종 가장 약한 수준의 모욕으로 여겨진다. 하지만 그것을 정통으로 맞으면 억장이 무너질 수 있다. 사람을 모욕하는 방법을 제시하고 있는 것이 아니다. 심각한 모욕을 들으면 물리적인 폭행, 공격을 당한 것처럼 느껴질 수 있고, 마치 뼈에서 살을 포 뜨는 것과 같이 느낄 수 있다. 바로 여기서 'sarcasm'이란 단어가 나왔다. "쓴소리를 하다, 비웃다"를 의미하는 그리스어 사르카자인 sarkazein이다. 이 단어는 말 그대로 "살을 벗긴다"를 뜻하기도 한다. 뼈에서 살을 발라낸다는 개념과 욕을 듣는다는 개념은 왠지 크게 맞아떨어진다. 특히 비꼰 욕을 들을 때는 더욱더 그러하다.

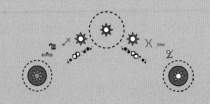

11

행성

PLANETS

드디어, 이 땅 위에 있는 것들의 이름을 뒤로하고 하늘로 날아오르자. 성층권을 뚫고, 우리를 감싸는 이 행성들을 살펴보자. (거의) 모든 행성들이 신의 이름을 딴 것이라 매우 짧게 말하고 마무리할 수도 있을 것이다. 행성 이름이 신의 이름에서 왔다는 것은 상당히 잘 알려진 사실이다. 그렇다면 우리는 이 행성들과 동명인 신들에 대해서 더욱 자세히 살펴보자. 이 신들은 누구고 정확히 어디에 있던 신들인지, 각각의 행성이 왜 그 이름을 갖게 되었는지 알아보자. 무엇이 행성이고 무엇이 행성이 아닌가가 뜨거운 논쟁거리이긴 하지만, 나는 내가 태양계의 행성이라고 배웠던 것에 따라 설명하고자 한다.

MERCURY

속도가 가장 빠른   ○

수성Mercury은 태양계에서 가장 태양에 가까운 행성이다. 태양과 가장 가깝다는 것은 태양계에서 태양 주위를 가장 빠르게 돈다는 뜻이다. 머큐리Mercury라는 이름이 붙은 것도 태양 주위에서의 이 빠른 속도 때문이다. 행성 대부분은 로마 신화 속 신들의 이름을 따서 지어졌다. 로마 신화는 그리스 신화에서 나온 것이므로 신은 같고, 이름만 다르다. 그리스 신화에서 헤르메스Hermes는 머큐리와 동일시된다.

머큐리는 메시지와 전달의 신으로서, 신의 전령으로 여겨진다. 신을 위한 메시지를 전달하려면 빨라야 하는데, 머큐리가 모든 신들 중 가장 빠르다고 알려져 있다. 메시지를 보내는 것에서든, 태양을 순환하는 속도에서든 신 머큐리와 행성 머큐리 모두 속도가 빠르다. 그리고 머큐리와 헤르메스를 같다고 볼 수 있기 때문에, 헤르메스도 전령으로 볼 수 있다. 영국의 택배사 헤르메스Hermes의 이름도 바로 거기에서 나왔다.

알아두면 쓸모 있는 **어원잡학사전**

✵ VENUS

비너스Venus(금성)는 태양계에서 유일하게 남신이 아닌 여신의 이름을 딴 행성이라는 점에서 차별점을 갖고 있다. 비너스는 꽤 핫hot하다고 말할 수 있다! 아니, 내가 여신에게 무례한 말을 하는 게 아니라(물론 그녀가 모든 신 중에서 가장 아름답긴 하지만) 행성 비너스가 꽤 뜨겁다hot는 뜻이다. 비너스가 최고 온도가 섭씨 450도 이상까지 오르며 우리 태양계에서 가장 뜨거운 행성이라는 사실을 이야기하는 것이다. 지구에서 가장 뜨거운 온도는 데스 밸리Death Valley에서 측정된 것으로 섭씨 60도가 조금 안 된다.

하지만 이 행성의 열기 때문에 비너스라 이름 붙여진 것도 아니고, 신들 사이에서의 비너스만큼 '핫hot'해서도 아니다. 그보다는 이 행성이 신들이 생각했던 비너스만큼이나 아름답다고 하여 붙여진 이름이다. 로마 시대의 망원경은 지금처럼 발달하지 않았다. 그 말은 당시에 모든 행성을 볼 수 있었던 것은 아니라는 뜻이다. 인간의 눈으로 볼 수 있는 것은 몇 안 됐고 인간의 눈으로 볼 수 있는 모든 행성 중에서 비너스가 가장 밝게 빛났다. 그래서 여신의 아름다움과 같이 밝게 빛나는 아름다움 때문에 이 행성을 비너스Venus라 부르게 되었다.

✔ EARTH

신의 이름으로 불리지 않는   ○

땅, 집, 모든 것을 거스르는 푸른 작은 점. 지구Earth는 완벽한 곳에 위치하며 우리가 번영할 수 있는 완벽한 조건을 갖추고 있다. 생명이 있다고 알려진 유일한 행성이 지구이겠지만 이것만이 지구와 다른 행성 간의 차이는 아니다. 지구는 어떠한 신의 이름으로도 불리지 않는 유일한 행성이다.

신의 이름을 따서 지구의 이름을 짓지 않은 이유는 오직 행성들만이 신의 이름으로 불리었고, 초기 천문학자들은 지구를 행성으로 생각하지 않았기 때문이다. 그들에게 지구는 그저 집이었고, 저 멀리 밤하늘에 보이는 점들이 행성이었다. 지구Earth도 또 하나의 행성이라는 것을 깨달았을 때는 이미 땅을 뜻하는 독일어 에르다erda 또는 에르드erde에서 온 "Earth(땅)"이라는 이름이 굳어 있었다.

알아두면 쓸모 있는 **어원잡학사전**

또한 지구를 테라 퍼르마Terra Firma(육지)라고도 한다. 이 명칭은 단단한 땅firm land을 뜻하는 라틴어에서 왔으며, 로마 신화에서 테라Terra/텔루스Tellus는 지구의 여신이었다. 이럴 수가 있나!? 그렇다면 도대체 왜 이것을 우리 행성의 공식 이름으로 쓰지 않는 것인가?! 이 이름을 사용하면 다른 행성 이름들과 보조를 맞출 수 있을 뿐만 아니라 남신이 지배하는 밤하늘에 여신 이름의 행성을 갖게 되는 셈인데 말이다.

MARS

붉은 피가 가득한   ○

데이비드 보위David Bowie가 말했듯이, 마르스Mars(화성)에 생명에 있을까?* 아마도 없을 것이다. 하지만 지구에서 가장 가까운 이웃 행성으로서 우리는 오래전부터 화성에 무엇이 있을까 하는 생각에 사로잡혔다. 사실 거대 화산과 많은 바위 빼고는 별것 없는 것으로 밝혀졌다. 화성에 대해 가장 잘 알려진 것은 붉

● 　싱어송 라이터 데이비드 보위의 노래 〈Life on Mars〉를 의미한다.

은색이라는 점이다. 이 붉은 색은 로마인들에게 전쟁에서 흘린 피를 상기시켰고 이로 인해 로마 전쟁의 신 마르스Mars의 이름을 따 이름을 지었다. 전쟁의 신 마르스가 로마 문화에서 매우 중요한 신이었다는 점에서 로마인들이 무엇을 중요하게 생각했는지 잘 알 수 있다. 하지만 마르스는 다른 이유로도 로마인들에게 매우 중요한 신이었다. 가장 대표적으로는 마르스가 로마를 건국한 전설적 인물인 로물루스Romulus의 아버지라는 점이다.

마르스의 위성을 포보스Phobos와 데이모스Deimos라 부른다는 점 또한 흥미롭다. 이들은 아레스Ares(그리스 신화에서 마르스와 동일시한다)의 자녀 이름이다. 그렇다면 마르스와 그 위성은 아빠와 아들을 나타내는 것이다. 너무 귀엽지 않은가?

❧ JUPITER

가장 크고 강력한 신의 이름 ○

주피터Jupiter(목성)는 우리 태양계에 있는 모든 행성 중 가장 크다. 이해를 돕자면, 우리의 행성 지구가 그 안에 들어갈 수 있고, 지구의 1,300배가 된다고 말할 수 있겠다. 이 거대한 크기 때문에 목성은 가장 큰 신, 가장 강력한 신, 하늘과 천둥의 신, 신의 왕 주피터의 이름을 따서 만들어졌다. 그리스 이름으로 말하면 좀 더 잘 알 것 같다. 바로 제우스Zeus이다.

제우스는 아마도 막강한 힘과 영웅적 업적이 아니라 성욕으로 더 잘 알려졌을 것이다. 남녀를 가리지 않았다. 제우스가 "조금 더 알아가고" 싶어 하는 사람과 그 사이를 막을 수 있는 건 아무것도 없어 보였다. 더 나은 표현이 없었다. 누군가와 함께 하기 위해 제우스는 스스로 황소로, 백조로, 뻐꾸기로 변신했다. 몇 개만 예를 든 것이다. 제우스가 염소에는 관심을 두지 않기를 바라며 염소로 변신한 사람도 있었지만, 그는 염소에도 관심을 가졌다. 어떤 여성은 섬으로 변신했다. 다행히 그때는 제우스가 관심을 두지 않았지만 이후 그의 정부 중 한 명이 제우스의 아들을 그 섬에서 낳았다.

제우스 연인들의 명성이 자자했기 때문에 주피터의 위성 중 4개가 그들의 이름을 따서 만들어졌다. 에우로파Europa, 가니메데Ganymede, 칼리스토Callisto, 이오Io이다. 하지만 주피터의 아내 주노Juno의 이름을 딴 위성은 하나도 없다. 이로써 목성과 목성의 위성들은 우주에 뜬 채로 우리에게 끊임없이 불륜을 생각나게 한다. 군이 기억할 필요가 없는 일을 말이다.

✔️ SATURN

시간의 신이자 제우스의 아버지   ○

새턴Saturn(토성)이 크기로는 두 번째이지만 자신의 이름으로 만든 게임이 있다고 자랑할 수 있는 유일한 행성이다. 실패한 게임이기는 하나 새턴의 이름을 따서 만든 〈세가 새턴Sega Satrun〉이 있었다. 세가 새턴의 기반이 되었다는 점 외에 다른 한 가지로도 유명하다. 바로 물, 바위, 얼음으로 구성된 행성을 도는 고리이다.

하지만 이 고리는 새턴이 지금의 이름을 얻게 된 것과는 아무 관련이 없다. 로마의 신 새턴saturn은 고리의 신이 아니라 다른 여러 가지 사물의 신이었다. 그중 하나가 농업이지만, 그 이름을 갖게 된 원인은 아니다. 그곳이 농사를 짓기에 최고의 기후라고는 전혀 생각하지 않는다.

새턴은 시간의 신의 이름이기도 하다. 로마인들에게 새턴은 그들이 아는 행성 중 가장 먼 행성이다. 다시 말해 태양의 궤도를 도는 데 가장 오랜 시간이 걸린다는 뜻이다. 새턴이 시간의 신이고 이 행성은 궤도를 도는 데 많은 시간이 든다는 사실이 이 신의 이름을 붙인 이유였을 것이다.

새턴(토성)이 주피터(목성)의 옆에 위치한다는 사실도 흥미롭다. 신화에 따르면 새턴은 주피터의 아버지다. 둘 중 "아버지" 행성이 더 클 것이라고 생각하겠지만 주피터(목성)가 새턴(토성)보다 훨씬 더 크다. 아마도 이것은 신화 속에서 자녀들이 자신을 전복시킬 것이라는 두려움에 자녀들을 계속해서 먹어 치웠던 폭군 아버지를 주피터가 살해했던 것을 반영한 것이다. 주피터(그리스 이름으로 제우스Zeus)의 탄생을 새턴(그리스 이름으로는 크로노스Cronus)은 알지 못했다. 덕분에 주피터는 자신의 아버지를 죽이고 배 속에 잡아 먹혀 있던 형제들을 구해줄 수 있었다. 참 딴 세상 이야기다.

✧ URANUS

목성의 할아버지   ○

이해한다. 다 웃은 건가?* 그렇다면 시작해보자. 이름에 관해서는 가장 흥미로운 역사를 가진 행성이 천왕성Uranus이다. 이 행

---

* Uranus는 'Your anus("너의 항문", 강세는 다르다)'으로 들리기 때문에 농담의 대상이 된다.

성을 칭할 매우 많은 이름이 제시되었지만 결국 엉덩이와 관련돼 보이는 이름을 갖게 되었다. 우라노스의 또 한 가지 흥미로운 점은 사실 최초로 발견된 행성이라는 점이다.

엉덩이 같은 이름을 갖기 전에 우라노스의 이름은 무엇이었을까? 영국 천문학자 윌리엄 허셜William Herschel이 이 행성을 발견했는데, 발견 즉시 자신의 이름을 붙였다. 하지만 이 이름은 오래 가지 못했고 전통적으로 신의 이름을 붙이는 관례에 따라서 여러 행성의 이름이 제안되었다. 새턴(토성)을 뜻하는 그리스 이름 크로노스에서, "크로노스를 넘어"라는 의미로 하이퍼크로니우스Hypercronius가 후보에 오르기도 했다. 이 이름은 우라노스(천왕성)와 새턴(토성)과의 위치 관계를 보여준다. 로마의 지혜의 여신 미네르바Minerva도 제안되었다. 포터헤드들*은 다른 지혜의 여성인 또 다른 미네르바**도 알 거라 확신한다.

이 행성은 그저 조지George라는 이름으로 마무리될 뻔했다. 허셜은 또한 당시 영국 왕이었던 조지 3세의 이름을 따서 조르지움 시두스Georgium Sidus라 부를 것을 제안하기도 했지만 이 이

---

* Potterheads. 해리포터의 열광적인 팬들
** 미네르바 맥고나걸Minerva-McGonagall. 해리포터 캐릭터로서 호그와트의 교감이자 그리핀도르 기숙사의 담당 교수를 이야기한다.

름은 영국 밖에서는 인기가 없었고, 특히 조지 3세가 독일인 뿌리라는 사실 때문에 더욱더 그러했다. 최종적으로 이 이름을 갖게 된 것은 독일 천문학자 요한 보데Johann Bode가 그리스 신 우라노스의 이름을 제안함으로써 결정되었다. 새턴(토성)은 주피터(목성)의 아버지, 우라노스(천왕성)는 새턴(토성)의 아버지가 됨으로써 3개의 행성은 아들, 아버지, 할아버지 관계가 되었다.

우라노스와 관련한 마지막 이야기는 위성의 이름이다. 우라노스의 위성 이름 몇 개를 보면 오필리아Ophelia, 코델리아Cordelia, 줄리엣Juliet이다. 이들의 공통점이 무엇일까? 모두 윌리엄 셰익스피어 작품 속 인물의 이름이라는 점인데, 위성의 이름이라기엔 독특하고 희한하다.

☙ NEPTUNE

하늘 위 바다 같은 ○

넵튠Neptune(해왕성)을 한 마디로 설명해야 한다면 많은 사람이 이 한 단어를 일제히 말할 것이다. 파란색. 넵튠은 믿을 수 없을 만큼 푸르다. 우리 지구도 푸른색을 자랑한다지만 넵튠에 견주면 비교가 부끄러울 정도이다. 그런데 사실 이곳에는 물과 같은 액체가 없다고 한다.

넵튠은 마치 하늘에 떠 있는 바다 같아 보인다. 그래서 당연하게도 로마의 바다 신 넵튠Neptune의 이름을 따서 이 행성의 이름을 붙였다. 넵튠은 주피터와 형제지간이며, 주피터가 아버지의 뱃속에서 구해낸 형제 중 하나이다. 주피터가 넵튠을 구해줬을 때, 그들은 서로 우주를 나누었다. 아버지에게서 우주에 대한 통치를 가져온 것이다.

주피터는 하늘을 차지했고, 넵튠은 바다를 차지했다. 그렇다면 지하세계는 누가 통치하게 되었을까?

☙ PLUTO

아주 멀리 떨어진 지하세계의 신   ○

불쌍하고 늙은 플루토Pluto(명왕성). 이 행성은 1930년에 발견되었지만 2006년에 왜행성으로 재분류되었다. 하지만 나에게 넌 영원히 행성일 것이야. 이 행성은 행성 중 가장 작을 뿐만 아니라 태양으로부터 가장 멀리 떨어져 있다.

내가 지금 만화 캐릭터 강아지* 플루토Pluto를 말하는 게 아니다. 플루토란 로마 신 플루토Pluto의 이름을 따서 만들어진 이름이다. 그렇다면 그는 누구인가? 그는 바로 앞에서 말했던 그 지하 세계의 신이다. 그리스 식으로는 하데스Hades이다. 1990년대의 우리 친구들이(그리고 수없이 많은 재방송을 봐야 했던 90년대생들의 부모님도) 디즈니의 〈헤라클레스Hercules〉에 나오던 파란색 불꽃 머리를 떠올릴 것이라 확신한다. 하지만 로마 신화 속의 플루토는 디즈니 세계에서만큼 익살스럽지 않다.

플루토는 지하세계의 신일 뿐만 아니라 망자의 재판관이기도 했다. 이승을 떠날 때 망자가 무엇이 되는지를 그가 결정했다. 때문에 로마 시기에는 그의 이름을 부르는 것만으로도 두려움을 불러일으켰을 것이다. 이 행성의 이름을 로마 신 플루토에서 따온 것은 적절해 보인다. 이 행성이 나머지 행성들로부터 매우 멀리 떨어져 있고, 행성 분류에서 탈락했다는 사실은 다른 신들이 지하의 신 플루토를 완전히 제거하고 피했다는 것과도 잘 맞아떨어지기 때문이다. 플루토는 올림푸스 산에서 다른 신들과 함께 살지도 못했다.

●　플루토. 디즈니 애니메이션에 등장하는 미키마우스의 애완견

태양계를 이야기할 때 대부분의 사람은 이 아홉 개의 행성을 이야기한다. 하지만 시간이 갈수록 더 많은 행성과 왜행성들이 발견되고 있고, 우리의 태양계뿐만 아니라 다른 태양계에서도 마찬가지다. 그중 몇 개를 살펴보고 이들 또한 여전히 신의 이름을 따서 명명하는 관례를 따르고 있는지도 알아보자.

대답은 그렇기도 하고 아니기도 하다는 것이다. 플루토(명왕성)를 제외한 다른 왜행성으로는 하우메아Haumea, 마케마케Makemake, 에리스Eris가 있다. 하우메아는 로마가 아니라 하와이 신화 속 여신의 이름을 가져다 붙인 이름이다. 하우메아는 하와이 신화에서 출산의 여신이고, 이 신의 이름을 딴 것을 기념하기 위해 위성은 여신의 자녀 이름을 가져다 히이아카Hiʻiaka와 나마카Namaka라 명령되었다. 마케마케는 이스터 섬 원주민인 라파 누이 인의 신화에 존재하는 인간 창조자 이름이다. 반면 에리스는 그리스 신화에서 유래하며, 불화와 분쟁의 신의 이름을 땄다. 에리스는 플루토(명왕성) 다음으로 가장 큰 왜행성으로서, 두 왜행성 모두 똑같이 음울한 신의 이름을 따서 만들어졌다는 점이 잘 들어맞는다.

　마르스(화성)와 주피터(목성) 사이에는 소행성대가 있다. 이 대(帶)안에는 또 다른 소행성, 세레스Ceres가 존재한다. 이 이름은 농업·다산·모성애의 신으로 알려진 로마 여신의 이름을 가져다 붙인 것이다. 앞에서 우리가 비너스venus(금성)가 유일하게 여신의 이름을 사용하는 행성이라 이야기했지만, 그렇지 않다는 것을 알게 되어 다행이다.

　하지만 이것 외에는 별로 재밌는 것이 없다. 새로운 행성들이 우리의 태양계 바깥에서 지속적으로 발견되고 있고, 어떤 것은 지구처럼 생명체가 살 수 있다고 여겨지기도 한다. 이 사실은 흥미롭지만 그들의 이름은 흥미롭지 않다. 케플러-442b, LHS1140b와 같은 이름을 갖고 있는데, 이것은 플레이스홀더 placeholder* 명칭일 뿐이다. 언젠가 우리가 지구에만 묶여있지 않게 되는 날 이 행성을 탐험하고, 이들에게 더 신처럼 들리는 이름을 붙일 날이 올 수도 있을 것이다. 그때 당신이라면 어떤 이름을 붙여주겠는가?

●　Placeholder. 빠져 있는 다른 것을 대신하는 기호나 텍스트의 일부

나가는 글

===

끝까지 왔다!

좋아요 버튼, 공유, 그리고 구독도 잊지 말… 잠깐, 여기서는 내가 이런 말을 할 필요가 없겠다. 미안하다. 습관이라…. 여기서는 유튜브 스타일의 마무리 말고 책에 더 잘 맞는 마무리가 필요할 것 같다.

뭐, 어떤 면에서는 여기가 이 책의 끝이다. 사실, 어떤 면이 아니라 많은 면에서 여기가 이 책의 끝이다. 이 책은 여기서 끝나겠지만 어원에 대한 여러분의 여정은 이제 시작이기를 바란다. 시작하며 말했듯이, 내가 가장 좋아하는 것은 다른 사람들과 나누지 않고는 못 배길 만큼 재밌는 사실을 듣는 것이다. 그리고 이 책이 여러분 또한 그렇게 하도록 영감을 불러줬기를 바란다.

이 책에서 읽었던 몇 가지 사실 중에서 가장 좋아하는 두어 가지를 골라보라. 그리고 머릿속에 잘 넣어두고는 최대한 많은 사람과 나누어보자. 친구한테도 말하고, 가족, 동료, 미용실 직원에게까지 말해보라. 파티나 모임에 가서도 말해보자. 어색한 분위기를 날리는 데 아주 좋을 것이다. 내가 이를 통해 한 가지 배운 것이 있다면, 사람들은 흥미롭고 별난 것들을 아주 좋아한다는 것이다.

삶에는 우리가 알아야 할 것들이 매우 많다. 그 모든 중요한 것들, 솔직히 말하면 삶의 따분한 사실들로 여러분의 뇌가 가득 찰 수 있다. 또 솔직히 말해보자면, 이 책에 있는 사실과 정보들이 여러분 삶에서 필수는 아니다. 별로 중요하지 않다. 하지만 그렇기 때문에 대단한 것 아니겠는가? 우리가 삶에서 반드시 알아야 하는 것만 안다면 꽤 따분할 것이다. 삶은 불필요한 것들로 이루어져야 한다. 우리가 비디오 게임을 반드시 해야 하는 건 아니지만, 우리는 그것을 하고야 만다. 재미있으니까! 우리가 다른 나라를 꼭 가야 하는 건 아니지만 가지 않는가? 그것이 우리를 깨우고 매혹시키니까. 나 또한 이름을 꼭 설명해야 하는 건 아니지만 내가 사랑하는 일이기 때문에 하고, 여러분 또한 그렇기를 바란다.

내가 교육적인 영상(이제는 곧 책도 나오지만)을 만든다는 이유로, 내가 똑똑한 사람일 거라는 오해가 많다. 솔직히 말하지면 나는 똑똑함과는 거리가 먼 사람이다. 내게 이것은 지적인 것이 아닌 호기심과 관련된 일이다. 내 관점은 이렇다. 똑똑한 사람은 답을 알고, 호기심이 많은 사람은 질문을 한다. 아마도 우리가 매일 보지만 두 번 살펴보지 않는 것들이 있다. 다음에 그런 것을 보게 될 때 생각을 해보자. 신나는 느낌을 느껴보자. 그 생각들이 당신의 호기심을 매우 강렬하게 자극해 인터넷에서 '웜홀warmhole(벌레먹은 구멍)' 따위를 조사하느라 하루를 다 써보게 만들라. 이것은 내가 항상 하는 바로 그 질문을 여러분 또한 자신에게 하도록 이끌어 줄지도 모른다. 바로 "이게 어떻게 이 이름을 갖게 됐지?" 하는 질문 말이다.

감사의 말

말 그대로 이름을 만들어 낸 수천 년의 역사가 없었다면 이 책은 존재하지 않았을 것이다. 더욱 중요하게는 나보다 훨씬 똑똑한 사람들이 했던 엄청난 연구 결과들이 없었다면 말이다. 이 책에 실린 내용 중 내가 직접 한 연구는 거의 없다. 나는 그저 아기 새에게 먹이를 주는 어미 새처럼 정보를 되새김질하여 전달하는 역할밖에 하지 않았다. 으깨어 입 밖으로 내뱉고, 그것을 여러분의 입속으로 넣어줬던 것이 벌레가 아니라 어원에 관한 정보였다는 점만 다르다. 내가 봐도 비위 상하는 비유다. 사과를 전한다.

이 책을 쓰기 위해 다양한 정보를 활용했다. 대학 논문에서부터 타블로이드 웹사이트, 그리고 그 중간 어느 지점에 있는 매우 많은 것들까지. 내가 이 책을 쓰는 데 가장 크게 활용했던 출처이자, 어쩌면 어원을 찾아 떠나는 여러분만의 모험을 시작하는 데 활용할 수 있을 출처를 소개한다.

위키피디아 WIKIPEDIA

뭐라고? 위키피디아를 활용했다고? 라고 물어볼 수 있는데, 맞다. 올바르게만 활용한다면 끝내주는 정보의 출처다. 찾기도 쉽고 내용 대부분이 이해하기 쉽게 적혀있기 때문이다. 물론 위키피디아를 항해하는 깃은 지저분한 골목길을 찾아 나가는 것과 같아서 정신을 바짝 차려야 한다. 위키피디아에 있는 무언가를 읽을 때 꼭 두 번 확인하라. 혹시 모르니 위키피디아의 출처를 확인한 후 다른 곳에서도 확인해야 한다. 이것만 알면 위키피디아는 여러분의 친구가 될 수 있고, 위키피디아를 사용해서 과제를 끝냈다고 해서 선생님이 그것을 퇴짜놓는 일도 없을 것이다.

에티몬라인 ETYMONLINE

어원의 성배! 에티몬라인은 어원계의 구글쯤 된다. 거의 모든 영어 단어가 다 있는 온라인 사전이다. 제 책의 모든 단어도 이곳을 출처로 하고 있으니 신뢰할 수 있다. 솔직히 이것을 여러분에게 말해주니 부정행위라도 한 느낌인데, 못 들은 걸로 해달라.

단어의 기원에 대한 옥스퍼드 사전

Oxford Dictionary of Word Origins

줄리아 크레스웰이 쓴 책이다. 신뢰할 수 있는 책이라는 것은 잘 알고 있을 것이다. 평판이 좋지 않은 웹사이트 같은 것이 아니라 진짜 책이기도 하고, 제목에 '옥스퍼드'가 있으니까. 이 미니북은 실제 옥스퍼드 영어 어원사전의 압축본이다. 골리앗 책의 이 작고 귀여운 버전은 읽기에 훨씬 재밌고, 가장 좋은 어원을 엄선해서 테마별로 소개하는 책이다. 어원을 테마별로 소개한다… 어? 아이디어 괜찮은데?

감사합니다!

이 책이 만들어지는 데 도움을 주었던 많은 웹사이트와 장소를 제외하고도 이 책을 쓰는 데 정말 많은 도움을 주었던 분들이 많다. 여기는 반드시 주위 분들에게 감사를 표해야 하는 곳이다.

항상 나는 책의 이 부분이 바보 같아 보이고 불필요한 페이지라고 생각했다. 그런데 막상 책 한 권을 쓰는 어려움을 겪고 보니 이제야 이유를 알 것 같다.

먼저 내 멋진 가족, 우리 엄마, 아빠, 그리고 나의 두 형제에게 감사드린다. 막내아들이 대학을 자퇴하고 유튜버로서 자신의 경력을 추구하는 것을 허락해주고, 심지어 그것을 지지해주기까지 하는 가족은 많지 않을 것이다. 부모님은 내게 믿을 수 없을 정도의 지지를 보내주셨다. 이 아들이 아직도 집에 붙어있을 수 있도록 허락해 주시고, 제 꿈을 좇을 수 있도록 해주셔서 감사드린다. 두 분께 제가 공짜로 강아지 관리 정도는 해드리겠다.

나의 말도 안 되는 계획을 지지해주고, 무엇보다 이 직업이 이끄는 모든 멋진 일들로 인해 내 자아가 너무 부풀어 오르지 않도록 해준 내 친구들에게도 고마움을 전한다. 내 친구들은 내 자아가 서서히 비대해질 때 항상 현실 감각을 일깨워주었고, 다시 현실에 머물 수 있도록 해 주었다. 그리고 무엇보다 내가 펍에서 어원의 세계에 빠져 마구 떠들어댈 때 나와 맥주를 나눠마셔 주기도 했다.

콘텐츠 제작자 동료들께도 감사의 말을 전한다. 내가 무언가 멋진 것을 만들 때 함께했던 분이든, 혹은 만든 이후 그 창작물이 더 유명해지도록 도움을 주신 분이든 나는 여러분과 많은 대화, 그리고 대화보다 더 많은 트윗을 나누었다. 또는 이 책을 만드는 데 자신만의 방식으로 내게 많은 도움이 되었던 콘텐츠 제작자도 있을 것이다. 무엇보다 정보를 찾고, 이 책을 쓰는 동안 들었던 팟캐스터들께도 감사를 전한다. 정작 본인들은 모르시겠지만 그 팟캐스트가 이 작업에 무한한 도움이 되었다.

이 책을 쓸 기회를 주시고, 광란의 출판 세계로 나를 이끌어 안내해주고, 이 책이 잘 만들어질 수 있도록 도와주신 출판사의 모든 분께 감사드린다.

그리고 가장 중요한 사람이 남았다. 원치 않게 유튜브와 출판이라는 이 희한한 세상에 빠지게 된 여자친구에게도 감사를 전한다. 그녀는 이 여정의 모든 발걸음을 나와 함께해 주었다. 이 바보 같은 사람과 함께 해주는 것이 어쩌면 그녀의 일상 중 가장 놀라운 일일 것이다. 사랑한다.

음, 이야기가 느끼하게 흘러갔다. 무엇보다 영상을 봐주고, 이 책을 읽은 여러분께 감사드린다. 나와 같은 괴짜가 인터넷에서 무엇을 하고 있는지 굳이 시간을 내서 관심 가져주신 여러분이 없었다면 이것은 절대 불가능했을 테니까. 이 책을 쓴 사람은 나지만, 이 책은 여러분의 것이다.

어원을 향한 여러분의 여정은 이제 시작이다.

알아두면 쓸모 있는
어원잡학사전

제1판 1쇄 발행 2021년 02월 04일
제1판 6쇄 발행 2023년 11월 8일

지은이 패트릭 푸트
옮긴이 최수미
펴낸이 나영광
펴낸곳 크레타
출판등록 제2020-000064호
책임편집 박영경
편집 정고은
디자인 디자인 현

주소 서울시 서대문구 홍제천로6길 32 2층
전자우편 creta0521@naver.com
전화 02-338-1849
팩스 02-6280-1849
포스트 post.naver.com/creta0521
인스타그램 @creta0521

ISBN 979-11-973382-0-5 03740